ロンドン仕込み

ホテルマンの英会話

三澤春彦 著

南雲堂

はじめに
Foreword

　まず最初に指摘しておく。我が国の中学校なり高校の日本人英語教師で、英語がまともに喋れるという人は非常に少ない。

　英語教師の多くは、英米人が日常生活でめったに使わないような慣用句や諺を生徒に覚えさせることに日々のエネルギーを費やしている。英語によるコミュニケーションで最も大切な「会話」を無視し、「読み書き」だけをせっせと教えているのだ。

　しかも、その英語は、現代社会から遠くかけ離れた、シェイクスピアにしか解らないような古語であったりする。教師にしたところで、自分が中学生や高校生だった頃に、これが正しい英語だと教わってきたことだから、それを今さら違うと言われても困る。

　この読み書き中心の英語教育法は、我が国に特有な筆記試験偏重の受験社会にピタリとマッチして脈々と受け継がれてきた。しかし、この教育法をつづける限り、我が国の英語教育に未来はない。

　さらに困ったことがある。中学、高校、果ては大学までつづく「役立たずな」学校英語に限界を感じた若者に、英語学習法の極意を授けるなどと称して嘘八百を教える「英語評論家」なる人々の存在である。

　彼らの言に耳を貸すと、「英字新聞を読め」だの「ＦＥＮを聴け」だのと好き勝手なことを言っている。英語の漫画も読めない

若者に、どうやって英語の経済記事が読めるのか。英語で道を尋ねられても何を聞かれたか解らない若者に、どうやってＤＪの喋る早口な英語が解るのか。

　外国語の習得は忍耐力の訓練ではない。「石の上にも三年」という精神論だけで英語が上手に喋れるようになる訳はないのだ。では、どうすれば英語が上達するか。２つの大事なポイントがある。

　１つは、英語を母語とするネイティブスピーカーから生きた英語を教わることだ。一国の言語というものは、発声法、文法、語法から思考論理、文化背景に至るまで言語を形成する、あらゆる要素を全国民が共有するコミュニケーション手段である。この、複雑な構造と膨大な情報量をもつ言語を、ネイティブの助けなく短時間で習得するのは不可能だ。

　よく「語学学習の早道はネイティブの真似をすること」といわれる。全くその通りである。英語の構造の把握が十分でなく、情報量も限られた初級者が、ネイティブの真似をせずに正しい英語を話すことは無理なのであり、強いて無理をすれば英語と似て非なる新語を造り出すのがオチだ。

　幸い、近年、ネイティブの講師がレッスンをおこなう英会話学校が随分増えた。これを活用することだ。ただし、すべての学校が良質とは思えないので、学校選びを慎重にする必要はある。

　もう１つのポイントは、段階を追った学習をすることである。これは語学学習に限ったことではない。たとえば自動車の運転を覚えるのに、いきなり高速道路で練習する馬鹿はいないだろう。

はじめに

　英会話の第1段階は初歩の日常会話だ。人と英語で挨拶をすること、仕事や家庭や趣味などについて正しい語法、正しい発音で表現することが当面の目標となる。ネイティブスピーカーなら恐らく誰でも、この段階の英語を難なく日本人に教えられるはずだ。

　しかし、英語学習の段階がビジネスイングリッシュのレベルに進んでくると、事情は変わる。ビジネスの内容に応じた専門知識（＝ボキャブラリーと考えてよい）が要求されるからである。

　たとえば、医療現場で働いたことのないネイティブに医者や看護婦の使う英語を教えろと言ったって無理である。（これは、医療知識のない日本人が病院での日本語の業務会話を外国人に教えられないのと同じ理屈だ。）

　ホテルマンの英語も、高度な専門知識こそ必要とされないものの、業界独特の言い回し、品位のある接客フレーズ、そしてゲストのさまざまなリクエストに応える幅広いボキャブラリーが要求される。これを、ホテルで働いた経験のないネイティブから教わるのは難しい。

　だからといって、以前にホテル屋をしていて、現在は英会話の講師などという変わった人材は（私は、この変わった人材のひとりだが）個性豊かなネイティブにも滅多にいないだろう。

　そこで、本書の登場となる。本書は、英会話の基礎はできていて、今後はホテルで仕事に使う英語を習得したいと希望する人を対象に書いた。英語に自信のない現役のホテルマン諸氏にも、これからホテルマンをめざす学生諸君にも是非読んでいただきたい

と思う。

　ところで、私は、1993年から4年間英国の「ホテル インターー・コンチネンタル ロンドン」（Hotel Inter-Continental London）で働いた。この本に出てくる英語表現の数々は、このホテルで私が聞き覚えた生のイギリス人の実務会話がもとになっている。

　この本を作るにあたって、参考文献は一切用いていない。また、幸いなことに、私は日本のホテルで働いた経験はない。したがって、本書の内容に日本的にアレンジされた妙な英語が入り込んでいる可能性は極めて低い。だから、安心してホテル実務に活用いただきたいと思う。

　　　　　　　　　　　　　　　　　　　　　　三澤春彦

本書の構成と使い方
The structure and the use of this book

　ホテル（Hotel）は、ヨーロッパの伝統社会のなかで何百年も継承されてきた一文化であると言っても過言ではない。その建物の中には、電話機（Telephone）やベッド（Bed）など日常生活になじみの深いものから、ジャクジー（Jacuzzi）や舞踏場（Ballroom）など日頃めったにお目にかかれないものまで様々な施設や設備がある。

　こういったホテル内の施設・設備を英語でどう表現するかを「イントロダクション1」に解説とともにまとめてある。ホテルマンにとっては業務に欠かせない語句ばかりのはずだから是非すべて覚えていただきたい。なお表現は、みな英国の5つ星ホテルで一般に使われるものとしてある。

　それから、ホテルは人の宝庫でもある。大きいホテルに行ってスタッフの着ている制服の種類を数えれば、接客に携わるスタッフだけでもどれほど沢山の職種があるか分かるだろう。さらに、ゲスト（Guest お客）の前に出てこない黒子組も含め、大勢のスタッフがホテル独特の分業組織の中で働いている。

　「イントロダクション2」では、ホテルに働くスタッフとその組織を英語でどう表現するか紹介する。ここではスタッフの呼称を英語で覚えるだけでなく、日本やアメリカのホテルの原点ともいうべきヨーロッパのホテルにおいてサービスの分業がどのように継承されてきたかを是非理解していただきたいと思う。

「イントロダクション」で必要なボキャブラリーの構築とホテルの仕組みの把握ができたところで、いよいよ本章に入る。本章は、解説の部分を除き、基本的に見開きの左右ページに会話文例を和英対照にして載せている。

　読者には、会話文例を確認しながら、解説をまずじっくり読んでいただきたい。ひととおり読み終わったら、あとは会話文例の部分だけを存分に活用していただこう。右ページを隠し、左ページの和文だけを頼りに右ページの英文がすらすら出てくるようになれば大成功である。

　会話文例は、英会話教本によくあるストーリーもの（著者が独断的に設定した場面の中で2人の登場人物の長いやりとりが続くもの）とせず、会話をなるべく細分して載せている。会話が発展する場合にも、その方向を1つに決めず、極力いくつか選択ができるように努力した。こうすることで、読者は本書の会話文例をあらゆる場面や状況に応用できるはずである。

　なお、各章の終わりに会話文例中のエッセンスを抜き出した練習問題を付けている。暗記したフレーズがここぞという場面で口をついて出てくるか、ここで最終確認をしていただきたい。

● 記号の説明 ●

- （　）　：省略可能または説明の補足
- ［　］　：言い換えが可能または必要
- ★　　　：ホテルスタッフの発言
- ☆　　　：ゲストの発言
- ☎　　　：電話でのやりとり
- ①、②、…：ケース1、ケース2、（受け答えが複数ケース想定できるとき）

目 次
CONTENTS

はじめに ……………………………………………………………3
　Foreword
本書の構成と使い方 ………………………………………………7
　The structure and the use of this book
イントロダクション
　　1. ホテルの施設・設備・サービス ………………12
　　　Facilities and Equipments in a Hotel
　　2. ホテルに働くスタッフとその組織 ……………22
　　　Hotel Staff and their Organisation

1. オペレーターの英会話……………………………………34
　　Switchboard's Phrases
2. 宿泊予約係の英会話………………………………………44
　　Reservations Officer's Phrases
　　──付録／英文の宿泊予約 依頼への対応
3. ドアマンの英会話…………………………………………62
　　Doorman's Phrases
4. フロント係の英会話………………………………………68
　　Receptionist's Phrases
5. ポーターの英会話…………………………………………94
　　Luggage Porter's Phrases
6. ビジネスセンター係の英会話 …………………………104
　　Business Centre Clerk's Phrases

7. コンシェルジュの英会話 ……………………………116
  Concierge's Phrases

8. ゲストリレイションズオフィサーの英会話 ……………130
  Guest Relations Officer's Phrases

9. デューティーマネージャーの英会話 …………………144
  Duty Manager's Phrases
  ―― 付録／病気やけがの英語表現

10. ハウスキーパー・メイドの英会話 ……………………154
  House Keeper or Maid's Phrases

11. ランドリー係・バレットの英会話 ……………………162
  Laundry staff or Valet's Phrases
  ―― 付録／衣類の英語表現

12. エンジニアの英会話 ……………………………………174
  Engineer's Phrases

13. レストランスタッフの英会話 …………………………180
  Restaurant staff's Phrases

14. バーテンダーの英会話 …………………………………192
  Barman's Phrases

15. ルームサービス・ミニバースタッフの英会話 ………198
  Room Service or Mini Bar staff's Phrases

イントロダクション 1

ホテルの施設・設備
Facilities and Equipments in a Hotel

　ホテルの玄関（Entrance）はホテルの顔といっていい。一流のホテルには、それにふさわしい立派な玄関があるものだ。
　玄関に国旗（National Flag）や社旗（Company Flag）を掲揚するホテルも多い。英国では、ユニオンジャック（the Union Jack　連合王国旗）ないし、イングランド・スコットランド・ウェールズのいずれかの王国旗が国旗として掲げられる。これに、ホテルの社旗、さらに宿泊客の比率が最も大きい国の国旗を加えた3本が掲揚されることが多い。
　さて、玄関を一歩入ると、そこはシャンデリア（Chandelier）輝くロビー（Lobby）というのが一般的だ。ロビーは、宿泊客との面会や待ち合わせ場所として誰でも立ち入ることができるところで、こういう誰でも立ち入れるスペースを英語では"Public Space"と呼ぶ。
　ロビーには、宿泊客がチェックイン・チェックアウト（Check-in・Check-out）などの手続きを行うレセプション（Reception 日本でいうフロント）が必ずある。
　そして、宿泊客が多額の現金やパスポートなどの貴重品を預けるセーフティボックス（Safety Deposit Box）の並ぶ金庫室がレセプションに隣接しているのが普通だ。欧米、いや恐らく日本以外の全世界のホテルでは客室内での物品の紛失や盗難にホテルは責任を負わないので、セーフティボックスはホテルには欠かせ

ない施設である。

　宿泊客の荷物を扱うポーターデスク（Luggage Porter Desk 略して Porter Desk）、各種チケットの手配やインフォメーション提供を一手に行うコンシェルジュデスク（Concierge Desk）、ＶＩＰ客の世話に加え宿泊客の意見や苦情に対応するゲストリレーションズデスク（Guest Relations Desk）もロビーにある。

　また、お茶やコーヒーを飲んだり、アフタヌーンティー（Afternoon Tea 紅茶にフィンガーサンドイッチ、スコーン、小ケーキの３点がセットになった英国式の重いおやつ）を取ったりできるラウンジ（Lounge）もロビーに欠かせない風景だ。アフタヌーンティーは、ハープ（Harp）の生演奏を聴きながら優雅に、というのが英国の五つ星ホテルが提供するデラックスなサービスのひとつなのである。

　さらにロビーを見渡せば、客室（Guest Room）へ通じるエレベーター（Lift）や宴会場（Banquet Room）につづく階段（Staircase）が見つかるだろう。ちなみに、エスカレーターは英語で"Moving Staircase"という。

●ロビー内施設の表現●

> ロビー　Lobby　／　フロント　Reception
> セーフティボックス　Safety Deposit Box
> ポーターデスク　(Luggage) Porter Desk
> コンシェルジュデスク　Concierge Desk
> ゲストリレーションズデスク　Guest Relations Desk
> ラウンジ　Lounge
> 階段　Staircase　／　エレベーター　Lift
> エスカレーター　Moving Staircase

　エレベーターに乗って客室階へ上がると、長い廊下（Corridor）に客室のドア（Door）がいくつも並ぶ。各々のドアにはカードキー（Card Key）に対応する自動ロック（Auto Lock）がついている。ドアの中に一歩入れば、そこはプライベートな空間（Private Space）だ。

　客室は、スイート（Suite）とかジュニアスイート（Junior Suite）とかいった特別なものを除いて、基本的に寝室（Bedroom）とバスルーム（Bathroom）の2つの部分からできている。

　寝室には当然ベッドが置かれる。ベッドに、シングルベッド（Single Bed）とダブルベッド（Double Bed）があることはよ

く知られているが、さらにダブルベッドにはクイーンベッド（Queen Bed 中型ダブルベッド）とキングベッド（King Bed 大型ダブルベッド）の区別がある。

　ところで、寝室に置かれるベッドの大きさと台数により、客室にはつぎのような呼び名がつく。

　　シングルルーム（Single Room）：
　　　　寝室にシングルベッドが１台ある客室
　　ダブルルーム（Double Room）：
　　　　寝室にダブルベッドが１台ある客室
　　ツインルーム（Twin Room）：
　　　　寝室にシングルまたはダブルベッドが２台ある客室

　ベッドの上には、枕（Pillow）、毛布（Blanket）、シーツ（Sheet）といった寝具類（Bedding）がのる。"Duvet"と呼ばれる西洋羽毛布団が使われるデラックスなホテルもある。

　ベッド以外に寝室にある家具（Furniture）は、ソファ（Sofa）、テーブル（Table）、デスク（Desk）、椅子（Chair）といったところだ。なお椅子には、その形状の特殊なものに"Armchair"（ひじ掛け椅子）、"Wing Chair"（頭もたれのウイングが両側に出た安楽椅子）などと名前がついている。

　これらの家具の他、テレビ（TV）、ラジオ（Radio）、目覚し時計（Alarm Clock）、電話（Telephone）、ミニバー（Mini Bar 各種の酒・ソフトドリンクが入った冷蔵庫、料金は出発時に精算

する)、洋服だんす(Cupboard)といった設備が備わっている。テレビは、衛星放送(Satelite TV)や映画(Pay TV その名の通り有料)のチャンネルも楽しめるのが今やあたりまえとなった。

　さらに細かい設備の名称を挙げると、デスクスタンド(Desk Lamp)、フロアースタンド(Floor Lamp)、コンセント(Socket)、エアコン(Air Conditioner)といったところだろう。

　それから、デスクの引出しに備品としてホテルのロゴ入りの便箋(Letter Head)、封筒(Envelope)、裁縫セット(Sawing Kit)などがあるのが普通だ。

● 客室内設備・備品の表現（寝室）●

寝室　Bedroom　／　シングルベッド　Single Bed
ダブルベッド　Double Bed　／　枕　Pillow
毛布　Blanket　／　シーツ　Sheet　／　ソファ　Sofa
テーブル　Table　／　デスク　Desk
椅子　Chair　／　テレビ　TV　／　ラジオ　Radio
目覚し時計　Alarm Clock　／　電話　Telephone
ミニバー　Mini Bar　／　洋服だんす　Cupboard
デスクスタンド　Desk Lamp
フロアースタンド　Floor Lamp
コンセント　Socket　／　エアコン　Air Conditioner
便箋　Letter Head　／　封筒　Envelope
裁縫セット　Sawing Kit

Introduction 1

　また一方、バスルームは、日本のホテルでもおなじみの洗面所・風呂・トイレを兼ねるタイプである。が、日本のものとは根本的な違いがある。それは、バスタブ（Bath）から湯が溢れ出ることを想定せずに作られていることだ。

　だいたい欧米人は、バスタブから溢れ出るほどに湯を張ることをしない。それゆえ、排水口（Drain）は使った湯を流すためにバスタブの底についているだけ、バスタブ上部にお飾り程度のものがついていることは時にあるが、バスルームの床に排水口はない。このため、バスタブから湯を溢れさせると、それは即バスルームの「洪水」を意味する。

　さて、バスルームの中にある設備は、バスタブの他にシャワー（Shower）、ドライヤー（Hair Dryer）、鏡（Mirror）、洗面台（Washbasin）、蛇口（Tap）、便器（Toilet）、ビデ（Bidet 性器洗浄器）といったところだろう。ちなみに、バスタブや洗面台の排水口をふさぐ栓は"Plug"という。（電気のプラグと同語である、念のため。）

　ついでに、バスルームに備えられる備品も挙げておこう。タオル（Towel）は、大型のバスタオル（Bath Towel）、小型のフェイスタオル（Face Towel）に普通サイズの3種類が置かれる。また、石鹸（Soap）、シャンプー（Shampoo）、リンス（Rinse）、バスジェル（Bath Gel　風呂の湯の泡立て剤）、シャワーキャップ（Shower Cap）などが備えられるのが普通だ。ちなみに、ヨーロッパのホテルのバスルームに歯ブラシ（Tooth Brush）や歯みがき（Tooth Paste）はない。

● 客室内設備・備品の表現（バスルーム）●

バスルーム　Bathroom　／　バスタブ　Bath
排水口　Drain　／　排水口の栓　Plug
シャワー　Shower　／　ドライヤー　Hair Dryer
鏡　Mirror　／　洗面台　Washbasin
蛇口　Tap　／　便器　Toilet　／　ビデ　Bidet
タオル　Towel　／　石鹸　Soap
シャンプー　Shampoo　／　リンス　Rinse
バスジェル　Bath Gel
シャワーキャップ　Shower Cap

客室の説明はこれぐらいにして、話をPublic Spaceに戻そう。レストラン（Restaurant）やバー（Bar）は、ロビーと同様、パブリックスペースとして非常に重要な役割を果たす。

　多目的に使われる客室と違い、専ら食事を楽しむ場となるレストランやバーに多彩な設備はない。テーブルや椅子以外には、チーズやデザートを乗せて運ぶワゴン（Trolley）くらいのものだ。だが、什器などの備品は多種多様で、挙げればきりがない。

　たとえば食器（Crockery）ならば、平皿（Plate）、スープ皿（Soup Plate）、深皿（Bowl）、食卓用刃物（Cutlery）ならば、スプーン（Spoon）、コーヒースプーン（Tea Spoon）、ナイフ（Knife）、魚肉用ナイフ（Fish Knife）、フォーク（Fork）といった具合だ。　グラス類も、ワイングラス（Wine Glass）、シャンペングラス（Champagne Glass）、ブランディーグラス（Brandy Glass）、タンブラー（Tumbler 浅底コップ）と多種である。盆（Tray）、フィンガーボール（Finger Bowl）、灰皿（Ashtray）、ナプキン（Napkin）、テーブルクロス（Table Cloth）、マドラー（Muddler）などもレストランやバーに欠かせない備品だ。

　宴会場（Banquet Room）にも上記と同様の設備・備品が備えられるが、さらに舞踏場（Ballroom）には、スポットライト（Spotlight）、ステージ（Stage）、演台（Lectern）といった大がかりな設備も見られる。

● レストラン、バー、宴会場内設備・備品の表現 ●

> レストラン　Restaurant　／　バー　Bar
> 宴会場　Banquet Room　／　舞踏場　Ballroom
> 食器　Crockery　／　平皿　Plate
> スープ皿　Soup Plate　／　深皿　Bowl
> 刃器　Cutlery　／　スプーン　Spoon
> コーヒースプーン　Tea Spoon
> ナイフ　Knife　／　魚肉用ナイフ　Fish Knife
> フォーク　Fork　／　ワイングラス　Wine Glass
> シャンペングラス　Champagne Glass
> ブランディーグラス　Brandy Glass
> 盆　Tray　／　フィンガーボール　Figer Bowl
> 灰皿　Ashtray　／　ナプキン　Napkin
> テーブルクロス　Table Cloth　／　マドラー　Muddler
> スポットライト　Spotlight　／　ステージ　Stage
> 演台　Lectern

　上に説明したもの以外でホテルの施設としてポピュラーなものは、ビジネスセンター（Business Centre）とフィットネスセンター（Fitness Centre）だろう。

前者では、コピー（**Photo-copying**）、ＦＡＸ送信（**FAX Transmission**）、タイプ（**Typing**）などの各種サービスがビジネスマンに提供される。後者には、ジム（**Fitness Gym**）、プール（**Swimming Pool**）、サウナ（**Sauna**）、ジャクジー（**Jacuzzi**）などの施設が備えられ、利用客が好みに合わせて汗をかけるようになっている。

イントロダクション 2
ホテルに働くスタッフとその組織
Hotel Staff and their Organisation

　客室が2つとか3つの小さな民宿（英語ではB&B、Bed & Breakfastの略）ならば、オーナー夫妻が手分けして朝食の支度、客室の清掃から庭木の手入れ、建物のペンキ塗りまで全ての作業をこなすかも知れない。

　しかし、大ホテルでは勝手が違う。1日に何百人、何千人というゲストを受入れなければならないし、提供するサービスも多岐にわたる。そこで、ヨーロッパ近代社会の伝統ともいえる「分業」に頼ることとなる。

　ホテルの分業組織は、誠に細かく枝分かれしている。頂点に立つ総支配人（General Manager 略してGM）とそれをとりまく経営陣（Executive Team）が如何なる組織を構成するか見てみよう。

　副総支配人（Residence Manager 直訳すると宿泊支配人だが実は違う）が総支配人の補佐役につくケースは多い。そして、この2人の下に、分業化された各部門のエキスパートの親玉ともいうべき部長（Division Head）が顔を揃える。具体的には、およそ次のようなラインナップだ。

▶フロントオフィスマネージャー（Front Office Manager）
　宿泊予約の管理および宿泊客のハンドリングに関する責任者
▶エグゼクティブハウスキーパー（Executive House Keeper）
　館内の清掃、備品とスタッフの制服の管理およびランドリーに関する責任者
▶チーフエンジニア（Chief Engineer）
　館内の施設・設備の保守、点検、修理に関する責任者
▶料飲部長（F&B Director　FはFood、BはBeverageの略）
　レストラン、バー、ルームサービスなど飲食ビジネスの責任者
▶宴会部長（Director of Banquet）
　会議、宴会など宴会場ビジネスの責任者
▶宿泊営業部長（Director of Sales & Marketing）
　宿泊セールスおよび宣伝など営業活動の責任者
▶広報部長（Director of Public Relations）
　広報活動全般の責任者
▶財務部長（Director of Finance）
　財務、会計業務の責任者
▶人事部長（Director of Personnel）
　人事業務および従業員の教育訓練に関する責任者
▶チーフセキュリティーオフィサー（Chief Security Officer）
　館内の警備・防犯に関する責任者

　これら10人が率いる10の部（Division 略してDiv.）は、広報部（Public Relations Div.）のようにわずか数人の小所帯から、

料飲部（F&B Div.）のように100人以上のスタッフを抱える大所帯まで様々だ。

● ホテル経営陣の役職の表現 ●

> 総支配人　General Manager
> 副総支配人　Residence Manager
> フロントオフィスマネージャー　Front Office Manager
> エグゼクティブハウスキーパー　Executive House Keeper
> チーフエンジニア　Chief Engineer
> 料飲部長　Food & Beverage Director
> 宴会部長　Director of Banquet
> 宿泊営業部長　Director of Sales & Marketing
> 広報部長　Director of Public Relations
> 財務部長　Director of Finance
> 人事部長　Director of Personnel
> チーフセキュリティーオフィサー　Chief Security Officer

Introduction 2

フロントオフィス（Front Office Div.）には接客の最前線（Front Line）に立つスタッフが多いが、ホテルに到着するゲストを最初に出迎え、出発するゲストを最後に見送るという重責を果たすのがドアマン（Doorman）である。ドアマンの仕事は、車やホテル玄関のドアの開け閉めに荷扱いと単純なものだが、夏の暑い日も冬の寒い晩も建物の外での立ち仕事なので決して楽とはいえない。

ドアマンがゲストから預かった荷物は、ポーター（Luggage Porter 略して Porter）へと渡される。ポーターは、これをゲストのチェックインを待って部屋に上げる。逆に、ゲストから出発間際に連絡があれば部屋に向かい、荷物を玄関まで下ろす。この仕事も相当な肉体労働だ。

ドアマンとポーターの両方を監督するコンシェルジュ（Concierge）というスタッフがいる。この職種はヨーロッパに独特なもので、「なんでも手配屋」と呼ぶのがふさわしいほど様々なサービスを宿泊客に対して行う。

具体的には、劇場チケットや航空券など各種チケットの手配、街のレストランや商店の紹介、切手の販売と郵便や荷物発送の代行といったことだ。ときに、運転手つきのハイヤーをアレンジしたり、ゲストのリストアップした商品をデパートで買い揃えて来たりといったことまでする。

さて、宿泊客が到着・出発のときに必ず立ち寄るのがレセプション（Reception 日本でいうフロント）で、ここに働くスタッフはレセプショニスト（Receptionist）と呼ばれる。レセプショ

ニストは、チェックインの手続きとチェックアウトの精算業務のほか、外貨両替、セーフティボックスの取扱いなども行う。ときに、チェックインしたゲストを客室まで案内したりもする。

　レセプショニストとやや類似した仕事をするのがゲストリレーションズオフィサー（Guest Relations Officer）だ。一般に女性の仕事とされるこの職種は、VIP客の多い五つ星ホテルに舞台が限られる。VIP客の受け入れに関わる各種手配と到着時の客室への案内、それに滞在中の世話が彼女らの主な任務だからである。その他、全宿泊客から寄せられる意見や要望に対する対応も彼女らの仕事だ。

　ゲストリレーションズオフィサーが手配したフルーツやアルコールなどVIP客へのギフトを実際に客室へ配達するのはVIPウェイター（VIP Waiter）の仕事である。「ウェイター」と名のつくスタッフは、通常、料飲部に属すが、このVIPウェイターはゲストリレーションズのチームメンバーとしてフロントオフィスに所属する。

　それから、宿泊予約係（Reservations Officer）もフロントオフィスに欠かせないスタッフだ。電話による予約の依頼や料金、空室状況などの照会に対応するのが主な仕事なので、宿泊客の前に立つことはまずないが、旅行代理店、法人などのホテル予約担当者や常連客にとっては「顔なじみの」でなく「声なじみの」スタッフといえる。

　さらに、オペレーター（Switchboard 電話交換台からこの名がついた）もフロントオフィスの影武者として活躍する。その仕

事は、日夜館外からひっきりなしに掛かってくる電話の内容を即座に判断し、相応の人物ないし部署へつなぐというハードなものである。

● ホテルスタッフの職種の表現（フロントオフィス）●

> ドアマン　Doorman　／　ポーター　(Luggage) Porter
> コンシェルジュ　Concierge
> レセプショニスト　Receptionist
> ゲストリレーションズオフィサー　Guest Relations Officer
> ＶＩＰウェイター　VIP Waiter
> 宿泊予約係　Reservations Officer
> オペレーター　Switchboard

つぎに紹介するハウスキーピング部（House Keeping Div.）のスタッフは、館内の清掃、各種備品・リネン類・スタッフの制服などの管理、およびランドリー等の業務にあたる。そのほとんどは女性である。

　ハウスキーパー（House Keeper）は掃除のプロフェッショナルで、客室のクリーニングはもちろん、ロビー、レストラン、宴会場、エレベーターと館内のありとあらゆる場所の清掃にあたる。

ハウスキーパーとよく混同される職種がメイド（Maid）だ。メイドは、客室の担当だが掃除はせず、「ターンダウン」（Turn Down）──ベッドカバーを取り去り、毛布をめくり、枕の上にチョコレートをのせ…といった、おきまりのお休み支度──を夕刻に専ら行う。よほどホテルに慣れたお客でも、ハウスキーパーとメイドの区別はできないものである。

　一方、ランドリー作業場には洗濯・ドライクリーニング・プレスなどの業務に従事するランドリースタッフ（Laundry Staff）が働く。出来上がった洗濯物を客室まで届けるのはバレット（Valet）と呼ばれる男性スタッフだ。ハウスキーピング部にはめずらしい男の職種といえる。

　女の園ハウスキーピング部と対照的な男所帯はエンジニアリング部（Engineering Div.）である。ここに属すエンジニア（Engineer）のほとんどが男性で、その仕事は、館内の施設・設備とくに機械の保守・点検と故障時の応急修理だ。

● ホテルスタッフの職種の表現
　　　　（ハウスキーピング部・エンジニアリング部）●

ハウスキーパー　House Keeper　／　メイド　Maid	
ランドリースタッフ　Laundry staff	
バレット　Valet　／　エンジニア　Engineer	

Introduction 2

料飲部は、ホテルの組織の中では最も大所帯で、多様な職種のスタッフを抱える。ここには、館内のすべてのレストラン、ラウンジ、バーのスタッフが属す。また、キッチンや食器洗浄場に働くスタッフ達も、宴会専任のスタッフを除いて料飲部に所属する。

　ウェイター（Waiter）とウェイトレス（Waitress）は、接客の花形といえる。レストランやラウンジでお客から料理や飲み物の注文を取ったり、出来上がった料理や飲み物をお客のテーブルに運ぶのが主な仕事だ。

　彼らをサポートするバスパーソン（Bus Person）というスタッフもいる。バスパーソンは、ウェイター・ウェイトレスと違ってお客からオーダーを取ることが出来ず、料理や飲み物の「運び屋」に徹する。准ウェイター・准ウェイトレスといえば分かり易かろう。

　フランス料理レストランにはソムリエ（Sommelier）も配置される。ソムリエの仕事はアルコール、とくにワインの注文を取り、サービスすることである。ただし近頃は、ワインに関するお客の知識が玄人はだしになったのでソムリエの活躍の場は狭まる一方というのが現状だ。

　また、バーテンダー（Barman　ちなみにBartenderは米語）もバーのカウンターで接客の最前線に立つ。さらにルームサービスやミニバーのスタッフは客室を仕事場として宿泊客にサービスを提供する。

　一方、お客の目にまったく触れないで仕事をする影の軍団が料

飲部にもいる。たとえば食器類の洗浄を行うスチュワード（Steward）がそうである。彼らはまた、ホテルのレストランには欠かせない銀食器の手入れの作業も行う。

　キッチン（Kitchen）に働くスタッフもお客の前に立つことは稀だ。総料理長（Head Chef）を頭に、ランクづけされたシェフ（Chef）や、そのサポートをするスタッフたちが調理の作業にあたっている。

　さて、食べ物や飲み物を扱いながら、料飲部に属さない宴会部（Banquet Div.）のスタッフがいる。
　会議や宴会の場合、料理はまず事前に予約がなされるのでテーブルで注文を取る必要はない。従って、バスパーソンが出来た料理を運ぶだけでよい。ただし、宴会場内に設けられたバーカウンターでお客の好きな飲み物が選べるような宴席にはバーマンが立ち、館内のバーでするのと同様の仕事を行う。
　宴会部が料飲部と基本的に異なる点がある。それは、部内にセールススタッフを抱えていることだ。ホテル内のレストランやバーは、よほど悪い評判でも立たない限り宿泊客が使ってくれるし、世間に名が通っていれば放っておいても客は入る。しかし宴会ビジネスは、待っているだけでは仕事にならない。そこで、宴会セールススタッフ（Banquet Sales Staff）の登場となる訳だ。

● ホテルスタッフの職種の表現（料飲部・宴会部）●

> ウェイター　Waiter　／　ウェイトレス　Waitress
> バスパーソン　Bus Person
> ソムリエ　Sommelier　／　バーテンダー　Barman
> スチュワード　Steward　／　シェフ　Chef
> 宴会セールススタッフ　Banquet Sales Staff

　営業の仕事をするスタッフには、もう1つ宿泊セールススタッフ（Sales Staff ヨーロッパでは単にセールスというと宿泊セールスを意味する）がいる。所属はもちろん宿泊営業部（Sales Div.）である。さて、宿泊予約の形態が旅行代理店からの団体予約、法人からの個人予約などと分類されるのに対応して、宿泊営業部は団体セールス（Group Sales）、法人セールス（Corporate Sales）などと分かれる。

　さらに、あまりお客の目に触れないところで働く「影の軍団」がいる。たとえば、広報担当スタッフ（Public Relations Officer）、購買課スタッフ（Purchasing Dep. Staff）、セキュリティーオフィサー（Security Officer）、それに財務、人事など各種管理部門のスタッフ達だ。

　という具合で、ホテルに働くスタッフの職種は多岐にわたり、その組織は枝を張った大樹のごとくなのである。

● ホテルスタッフの職種の表現（その他の部署）●

宿泊セールススタッフ　Sales Staff
広報担当スタッフ　Public Relations Officer
購買課スタッフ　Purchasing Dep. Staff
セキュリティーオフィサー　Security Officer

ロンドン仕込み
ホテルマンの英会話

CHAPTER 1

オペレーターの英会話

オペレーターはホテルに掛かってくるあらゆる電話に対応する

●●●●●

　日本では、ホテルに限らずサービス業に携わる者の接客の基本は、均質かつ平等なサービスをお客全員に提供することである。お客の方も、百人が百人同じような注文や要望をするから、こういうサービスの仕方に誰も文句を言わない。
　一方、欧米では、お客ひとりひとりを満足させることが接客の基本となる。個性豊かなお客の要望に合わせてサービスの内容は変わって当然という訳だ。英語では、このような社会事情を背景として接客業従事者のお客への最初の呼びかけは"May I help you?"（お手助けしましょうか＝何をしてほしいですか）となる。
　オペレーターもこの例に漏れず、掛かってきた電話にはまず

Switchboard's Phrases

"May I help you?" と応対するのが望ましいとされる。ただし、まず "Good morning [afternoon / evening]." の挨拶をし、ホテル名を相手に告げるのが礼儀だから、これらを手短にまとめて38ページの【1－1】のようにする。

　これに担当者の名も入れて言うことも可能で、たとえば "Good morning. Grand Hotel. Katie speaking. May I help you?"（おはようございます。グランドホテル、担当ケイティでございます）のように言えばよい。しかし、ビジネスの場でファーストネームを使う習慣のない日本では、"Katie" を "Ms.Yamaguchi" とかせねばならず、これでは長ったらしく、また不自然なので止めたほうがよいだろう。オペレーターの表現は、つねに「手短か」であることが望まれる。

　「部屋の予約がしたい」という電話は頻繁に掛かってくるはずだが、38ページの【1－2】に示した "I'd like to make a booking of a room." 以外にも "Room reservations, please."（部屋の予約お願いね）とか "Can I book a room on May 3?"（5月3日に1部屋取れますか）とか尋ね方はいろいろある。いずれにしても、宿泊予約の担当者に電話をつないでやれば用は足りる。

　「宿泊客の部屋につないで」という電話も頻繁にあるはずだ。最近はオペレーターのデスクにもたいていコンピューターの端末があって、宿泊客の名前や滞在期間、客室番号などを即座に確認できるようになっている。ゲストが宿泊中の場合はその部屋につなげばよいが、そうでないときは「該当する名前がない」とか「予約はあるが、チェックインはまだ」といった事情を相手に伝

えなければならない。

　ちなみに、ゲストが有名芸能人や高名政治家といった場合に、本人が宿泊中でも泊まっていないことにしてくれと頼まれることがある。こういう扱いを英語で"Incognito"（お忍び）という。このとき、電話はマネージャーや秘書を通すものだけが取り次がれることとなる。

　ところで、つないでくれといわれたゲストが不在の場合には、メッセージを残したいかと相手に聞いてやるのが親切だ。メッセージが客室の留守番電話（Voice Mail）に録音できるならばそのシステムに接続してやればよし、そうでなければメッセージはふつうフロントで扱われるから、"I'll connect you to Reception. Hold on, please."（フロントにおつなぎします。このままお待ちください）と言えばよい。

　「ホテルのスタッフにつないで」という場合は、つなぐ相手がいなくても同じ部署の同僚が用件を聞いてくれたり、メッセージを取ってくれたりするだろう。だから、たとえば"Would you like to speak to anybody else in Sales?"（宿泊営業部の他のスタッフにおつなぎしましょうか）といった対応もできる。

　なお、40ページの【1－5】で「秘書」を意味する「P.A.」は Personal Assistant の略で、特定の役職員につく secretary をさす。営業部オフィス（Sales Office）などの大部屋で複数のスタッフの面倒をみる group secretary という秘書もいる。

　外線電話、国際電話、客室相互間通話の掛け方を教えてくれという質問もオペレーターが受けることが多い。説明が1回で済めばそれに越したことはないが、同じお客から同じ質問がくり返さ

Switchboard's Phrases

れるときには電話機の故障といった可能性も考えてみる必要がある。

　あるいは、お客の方から"The telephone doesn't work for outside calls."（外線通話ができないよ）と言ってくるかも知れない。原因がすぐに判明しないなら、"I'll check for you. Please hang up and wait for my call back."（確認します。いったん受話器を置いて私が掛け直すまでお待ちください）などと対応すればよい。問題が解決したら、掛け直してあげることはお忘れなく！

・・●・・

オペレーターの英会話

【1−1】☎
★ おはようございます。グランドホテルでございます。

【1−2】☎
☆ 部屋の予約をしたいのですが…。
★ かしこまりました。宿泊予約係におつなぎします。

【1−3】☎
☆ 宿泊客の田宮一郎さんをお願いします。
★ ① かしこまりました。おつなぎします。
　② ご名字のスペルをおっしゃっていただけますか。
　③ お名前がコンピューターに［宿泊者リストに］見当たりません。
　④ （おつなぎしましたが、）お返事がありません。
　⑤ 田宮様は、明日ご到着の予定です。メッセージをお残しになりますか。

【1−4】☎
☆ 宿泊営業部につないでください。
★ ① 担当の誰とお話しになりますか。
　② 団体セールスと法人セールスのどちらにおつなぎしますか。

　③ （おつなぎしましたが、）話し中です。このままお待ちになりますか。

Switchboard's Phrases

★ Good morning. Grand Hotel. May I help you?

☆ I'd like to make a booking of a room.
★ Yes, madam [sir], I'll put through to Reservations.

☆ Can I speak to Mr. Ichiro Tamiya, please?
★ ① Yes, madam [sir]. I'll connect you.
② Could I have the spelling of the last name, please?
③ I cannot find the name in the system [on our guest list], I'm afraid.
④ There's no answer, madam [sir].
⑤ Mr. Tamiya is arriving tomorrow. Would you like to leave a message for him?

☆ Could I speak to Sales Office, please?
★ ① Who would you like to speak to?
② Would you like to speak to Group Sales or Corporate Sales?
③ The line is busy. Do you wish to hold?

【1−5】☎ ....
☆ 総支配人をお願いします。
★ ① 失礼ですが、お名前をいただけますか。
　② 総支配人の秘書におつなぎします。

【1−6】☎ ....
☆ 外線電話の掛け方を教えてください。
★ ① 9の後、番号をダイヤルしてください。
　② 9の後、間をおかず番号をダイヤルしてください。

【1−7】☎ ....
☆ 国際電話の掛け方を教えてください。
★ 9の後、001それに続けて国コードの順でダイヤルしてください。

【1−8】☎ ....
☆ 友人の部屋にはどうやって電話したらいいんですか。

★ 78の後、4桁の部屋番号をダイヤルしてください。

Switchboard's Phrases

◯ 5

☆ Can I speak to General Manager, please?
★ ① Could I have your name, please?
　② I'll connect you to his secretary [P.A.].

◯ 6

☆ Could you tell me how to make an outside call?
★ ① Dial 9, then the number, please.
　② Dial 9 immediately followed by the number, please.

◯ 7

☆ Could you tell me how to make an international call?
★ Dial 9, then 001 followed by the country code, please.

◯ 8

☆ Can you please tell me how to call my friend in another room.
★ Dial 78, then the 4 digit room number, please.

練習問題

[1] ☎ おはようございます。グランドホテルでございます。
[2] ☎ フロントにおつなぎします。

[3] ☎ そのお名前はコンピューターに見当たりません。
[4] ☎ お返事がありません。
[5] ☎ メッセージをお残しになりますか。
[6] ☎ 話し中です。このままお待ちになりますか。
[7] ☎ 7の後、4桁の部屋番号をダイヤルしてください。

Switchboard's Phrases

解 答 例

9

① Good morning. Grand Hotel. May I help you?

② I'll connect you to Reception.

　または I'll put you through to Reception.

③ I cannot find the name in the system.

④ There's no answer.

⑤ Would you like to leave a message?

⑥ The line is busy. Do you wish to hold?

⑦ Dial 7, then the 4 digit room number, please.

CHAPTER 2

宿泊予約係の英会話

宿泊予約係の主な仕事は、外部からの予約関連の電話に応対すること

・・●・・

　宿泊予約係の主な仕事は、外部からの予約関連の電話に応対することである。その内容はときに繁雑なものとなるし、とくに料金に関する誤解は後々大きなトラブルに発展する可能性を多分に含むので、平易で明解な会話が求められることは言うまでもない。
　最初の挨拶は、オペレーター同様"May I help you?"で始める。具体的な予約業務に携わる仕事柄まず担当者名を名乗りたいところだが、先にも触れたようにイギリス人だと"Katie speaking"で済むところが日本人だと"Ms.Yamaguchi speaking"と不自然に間延びしてしまう。そこで50ページ【2－1】では名

Reservations Officer's Phrases

前は省いてある。

　だが、"Good morning. Reservations. Mari Yamaguchi speaking. May I help you?"（おはようございます。宿泊予約担当、山口真理でございます）のようにフルネームを名乗って Ms.[Mr.] 付けを回避するという手はある。

　空室状況や客室料金の照会はもちろん、館内の施設・設備・サービスについての問い合わせに応じるのも宿泊予約係の大切な仕事である。空室の有無の照会に対しては、尋ねられた期間・条件で空きがない場合にもすげなく「No」と断らず代替案を示す努力をするのがプロというものだ。

　なお、まったく相手の意に沿えないという断わりの文（典型的なのが "I can't help you."）を言うときには "I'm afraid" を文頭か文末につけて語調をやわらげる。この丁寧語を付けることで、いかにもホテルスタッフらしい表現になり、また相手に好印象を与えることができる。

　料金（Room Rate）の照会には細心の注意を払う必要がある。金額を明確に相手に知らせてやるのはもちろんのこと、税金（Tax なお消費税は Consumption Tax、ヨーロッパでは VAT という）、サービス料（Service Charge）、朝食（Breakfast）が料金に含まれるか否かといったことも誤解なく伝えなければならない。

　"This rate is subject to tax."（この料金は課税対象です）といった表現は、電話ではかえって誤解を招くので避ける。"This rate excludes tax."（税別の料金です）とか、ときには "The rate is ¥40,000 plus tax."（料金は4万円プラス税金です）位は

っきり言ったほうがよい。

　客室の利用時間に関する照会にも、後々のトラブルを防ぐ上から明解な応答が要求される。まず、所定のチェックイン開始時刻（Check-in Time）よりも早くゲストがホテルに到着するときは、そのゲストがチェックイン開始を待てるか否かで対応が全く異なる。

　到着後すぐに部屋に入りたいというゲストには、特別な場合を除き到着前夜から部屋を押さえる（これを Pre-registration という）のが通例である。当然、客室料金がまるまる1泊分余計に掛かる。

　もちろん、この余計な料金を払いたくないというゲストも大勢いる。その場合、チェックインは所定の開始時刻まではできないが、荷物をポーターに預けられることを伝えてゲストの不便を少しでも解消してやるとよい。

　それから、所定のチェックアウト終了時刻（Check-out Time）より遅れてチェックアウトしたいというゲストもいるはずだ。こういうゲストには、出発当日の到着予約に問題が発生しない限り（したがって当日まで回答できないこともある）客室の使用延長の手配をする。もちろん有料で、この金額はホテルによってまちまちだろう。ただし、Pre-registration のように1泊分まるまるということはない。

　いよいよ、宿泊予約係の本業である予約依頼への対応である。予約元（Booking Source）は個人客、法人、旅行代理店の3つが主たるもので、とくに最初の2つの見極めが大切だ。（旅行代理店は予約のプロなので、たとえ名乗らなくとも自ずと素性が割

Reservations Officer's Phrases

れる。)

　そこで、まず相手が個人客か法人客かを確かめるとよい。52ページの【2−7】は個人客の場合のやりとりだ。ただ、現実にはこのようにスムーズに話しが進むことはまず考えられない。たとえば、真っ先に料金を尋ねられて会話が始まるかも知れない。また、説明が相手に上手く伝わらず会話が空回りという事態も容易に起こり得る。

　したがって個人客に対しては、【2−7】のような一連の会話を丸暗記しても意味はない。何を聞く、どう言われたらどう返す、ないしつぎに何を聞くという細切れのパターンを想定することが肝要だ。

　予約を作る際に必ず確認しておかなければならないことは、

- ゲストの名前と連絡先
- 到着日と出発日
- 客室の希望タイプ
- こちらから提示する料金（および宿泊条件、たとえば朝食付きだとか）の承諾の是非
- 到着時刻（予約を保証させる場合はクレジットカード番号も）
- その他、予約に付随する特殊なインフォメーション

といったことだから、これらをもれなく尋ね、かつ聞き取る訓練をしておくのは実務上有用かも知れない。

　一方、法人客の場合は、法人名をまず確認する。契約料金が見

つかれば54ページ【2−8】のごとく話は早いだろう。常連客の予約ならば"as usual"（いつもの通り）のひとことで話が済むこともままあるはずだ。

　ところで、遅い時刻に到着するゲストに予約を保証（Guarantee）させることは、客室を有効利用するのに役立つ。この予約保証には個人客の場合、クレジットカードの番号を貰う位しか簡単な方法がないが、請求可能な法人客ならばカンパニーレターをＦＡＸして貰うという手がある。

　なお、予約を保証したゲストが当日到着しなかったときは、その日の宿泊料金がチャージされ、翌日以降の予約が全て取り消されることとなる。

・・●・・

Reservations Officer's Phrases

宿泊予約係の英会話

【2-1】☎
★ おはようございます。宿泊予約係でございます。

【2-2】☎
☆ 8月2日と3日には空室がありますか。
★ ① はい、ございます。予約をお作りしますか。

　② あいにく3日が満室でございます。
　③ デラックスルームにのみ空きがございます。

【2-3】☎
☆ お部屋の料金はいくらですか。
★ お部屋のタイプとご利用人数によって料金が変わってまいります。ご利用の内容をお聞かせください。
☆ スタンダードルーム、2名です。ツインをお願いします。
★ ① 1泊、税金・サービス料込みで35,000円でございます。

　② 平日のご利用ですと1泊税金・サービス料別で3万円です。週末にはお得なパック料金もございます。

【2-4】☎
☆ おたくのホテルにプール［フィットネスジム／ビジネスセンター／和食レストラン］はありますか。
★ ① はい、ございます。
　② あいにくプールはありませんが、ジャクジーはございます。

2

Reservations Officer's Phrases

CD 10

★ Good morning. Reservations. May I help you?

☆ Do you have a room on August 2 and 3?
★ ① Yes, we do, madam [sir]. Would you like to make a booking?
② We are fully booked on the 3rd, I'm afraid.
③ Just deluxe rooms are available for those two nights.

CD 11

☆ How much is your room rate, please?
★ It depends on the room type and the number of the guests. Could you tell me the details?
☆ A standard room for two people. A twin room, please.
★ ① The room rate is ¥35,000 per night, including tax and service charge.
② The room rate for weekdays is ¥30,000 per night, excluding tax or service charge. However, a cheaper package rate is available for week-ends.

CD 12

☆ Do you have a swimming pool [a fitness gym / a business centre / a Japanese restaurant] in your hotel?
★ ① Yes, we do, madam [sir].
② We don't have a swimming pool, but we have a jacuzzi.

【2−5】☎ ....
☆ おたくのホテルではチェックインは何時からできますか。
★ 午後1時からでございます。
☆ 飛行機が早朝便なので、8時にホテルに着きます。チェックインはできますか。
★ ご到着後すぐお部屋をお使いになる場合は前日からの予約が必要で、料金も1泊分余分に掛かります。もし1時までお待ちになれるのでしたら、チェックインまでお荷物をお預かりします。

【2−6】☎ ....
☆ 部屋は何時まで使えますか。
★ 正午まででございます。
☆ 夕刻の飛行機で出発するので4時まで部屋を使いたいのですが…。
★ 延長ご利用には追加料金が15,000円掛かります。

【2−7】☎ ....
☆ 部屋の予約をしたいのですが…。
★ かしこまりました。個人のご予約ですか、法人のご予約ですか。
☆ 個人です。　　（法人予約のケースは【2−8】にあります）
★ では、ご到着日とご出発日からおっしゃっていただけますか。

☆ 6月1日の到着で、2泊です。
★ かしこまりました。お部屋のタイプのご希望はおありですか。

Reservations Officer's Phrases

13

☆ From what time is checking-in available at your hotel?
★ From 1 pm, madam [sir].
☆ As my flight is early, I will arrive at the hotel at 8. Will I be able to check-in then?
★ If you immediately need your room on arrival, booking from the previous night is essential. And a full rate will be charged for the extra night. If you could wait for checking-in until one, we will keep your luggage.

14

☆ Until what time could I use my room?
★ Until noon, madam [sir].
☆ As I am departing by an evening flight, I'd like to use my room till 4 o'clock. Is it OK?
★ If you extend your stay, the surcharge is ¥15,000.

15

☆ Can I make a room booking, please?
★ Certainly, madam [sir]. Is this an individual booking or a corporate booking?
☆ It's individual.
★ Yes, madam [sir]. Could I have your arrival and departure dates, please?
☆ I'm arriving on June 1, and staying for two nights.
★ OK. What type of room would you like?

☆ スタンダードシングルで結構です。
★ おひと部屋でよろしいですか。
☆ 結構です。
★ では、お名前とお電話番号をいただけますか。
☆ 吉田真由美です。電話は 123-4567 です。

★ かしこまりました。ご料金は1泊、税金・サービス料込みで 35,000円ですので、おふた泊で 70,000円になります。ご到着時刻は何時頃のご予定ですか。
☆ 4時くらいです。
★ ご予約番号を差し上げます。9876543 です。ご予約ありがとうございました。

【2－8】 ☎
☆ ダブルルームの予約をしたいのですが…。
★ かしこまりました。個人のご予約ですか、法人のご予約ですか。
☆ 法人です。
★ 法人名をいただけますか。
☆ ロンドン銀行です。
★ 契約のご料金は、スタンダードダブルが 23,000円です。こちらでよろしいですか。
☆ 大切な顧客なのでデラックスにしてください。2部屋要ります。差額はいくら掛かりますか。

Reservations Officer's Phrases

☆ Standard single will be fine.
★ Would you like just one room?
☆ Yes, please.
★ Can I have your name and telephone number, please?
☆ My name is Ms.Mayumi Yoshida. My phone number is 123-4567.
★ Thank you, Ms.Yoshida. The daily rate will be ¥35,000 including tax and service charge. So, ¥70,000 for two nights. At what time are you arriving?
☆ Around four o'clock.
★ I'll give you the confirmation number. It's 9876543. Thank you for your reservation.

16

☆ Can I make a booking of a double room, please?
★ Certainly, madam [sir]. Is this an individual booking or a corporate booking?
☆ It's corporate.
★ Could I have your company name, please?
☆ It's Bank of London.
★ Your contract rate for standard double is ¥23,000. Is this OK?
☆ As the guests are our important clients, please book deluxe rooms. I need two. How much is the supplement for deluxe?

★ 各室1泊7,000円でございます。それでは、ご到着、ご出発日をいただけますか。
☆ 9月2日到着、7日出発です。
★ お泊まりのお客様のお名前をいただけますか。
☆ 1人がMorrisでイニシャルA、もう1人がReymondでイニシャルR、どちらも男性です。
★ かしこまりました。ご到着は何時頃でしょう。

☆ まだ飛行機の便が決まっていません。
★ もし、ご到着が午後6時を過ぎる恐れのでたときは、クレジットカードかカンパニーレターで予約をご確約ください。さもないと予約が落ちることがあります。

☆ わかりました。
★ 予約番号は、0071111と0071112です。私は清水と申しますが、お名前をいただけますか。

☆ ジャネットです。
★ ご予約ありがとうございました。

Reservations Officer's Phrases

★ It's ¥7,000 per room per night. Now, could I have the arrival and departure dates of the guests, please?
☆ They are arriving on September 2, and departing on 7.
★ Could I have their names, please?
☆ One is Morris, his initial is A, the other is Reymond, his initial is R. Both Mr.
★ OK. At what time are those guests arriving at the hotel?
☆ Their flights have not been confirmed yet.
★ If you find that the guests are arriving after 6 pm, please guarantee the booking with a creditcard or a company letter, otherwise the booking may be released.
☆ OK.
★ The confirmation numbers are 0071111 and 0071112. My name is Ms.Shimizu. Could I have your name, please?
☆ My name is Janet.
★ Thank you for your reservation, Janet.

付録 英文の宿泊予約依頼への対応

　宿泊予約の依頼は電話によるものばかりではない。最近はすっかり一般化したＦＡＸをはじめとして書面による予約依頼も多い。ここでは、書面による予約依頼にどう返信するかを例示しておく。
　満室などの理由で予約が取れないという場合は別にして、予約依頼に対する返信は、そのまま予約確認書の役割を果たす。したがって、そこには、

　・予約された客室のタイプと室数
　・ゲスト名
　・予約期間（ゲストの到着日、出発日）
　・料金および適用条件（朝食込みだとか…）
　・予約番号

が必ず明記されなければならない。実際には、予約の保証を求めたり、空港・ホテル間の車の送迎を案内したりといった記述がこれに加わることもある。さて、下はその一例である。

Reservations Officer's Phrases

2

(例) ＦＡＸによる予約確認書（ＦＡＸによる予約依頼への返信）

Grand Hotel
1-1-1 Makunouchi, Chiyoda-ku, Tokyo JAPAN
Telephone: (03)3000 0000   Fax: (03)4000 0000

RESERVATIONS DEPARTMENT

TO   : Mr.Paul Reynolds
FAX NO : 44 171 100 0000
DATE   : October 28, 1999

Dear Mr. Reynolds,

Thank you for your fax of today. We are delighted to confirm one deluxe double room for you arriving on October 30 and departing on November 02, 1999.

The confirmation number is 9876543.

The daily room rate will be JPY60,000.^{00} inclusive of tax and service charge.

As per requested, the reservation is guaranteed for your late arrival.

We look forward to welcoming you to the Grand Hotel.
With kind regards

Mari Yamaguchi
Mari Yamaguchi
Reservations Officer

練 習 問 題

[1]　☎　予約をお作りしますか。
[2]　☎　あいにく5日が満室でございます。
[3]　☎　デラックスルームにのみ空きがございます。
[4]　☎　1泊、税金・サービス料込みで4万円でございます。

[5]　☎　チェックインは1時からいただけます。
[6]　☎　チェックインまでお荷物をお預かりできます。
[7]　☎　お部屋は正午までお使いになれます。
[8]　☎　個人のご予約ですか、法人のご予約ですか。
[9]　☎　お部屋のタイプのご希望はおありですか。
[10]　☎　お名前とお電話番号をいただけますか。

[11]　☎　ご予約番号を差し上げます。1234567です。
[12]　☎　ご到着は何時頃でしょう。
[13]　☎　ご予約をクレジットカードでご確約ください。
[14]　☎　ご予約ありがとうございました。

Reservations Officer's Phrases

解 答 例

🎧 17

1. Would you like to make a booking?
2. We are fully booked on the 5th, I'm afraid.
3. Just deluxe rooms are available.
4. The room rate is ¥40,000 per night, including tax and service charge.
5. Checking-in is available from one o'clock.
6. We can keep your luggage until your checking-in.
7. You could use your room until noon.
8. Is this an individual booking or a corporate booking?
9. What type of room would you like?
10. Can I have your name and telephone number, please?
11. I'll give you the confirmation number. It's 1234567.
12. What time are you arriving at?
13. Please guarantee your booking with your credit card.
14. Thank you for your reservation.

CHAPTER 3

ドアマンの英会話

ドアマンはホテルの顔である

ドアマンはホテルの顔である。宿泊客のみならず、ホテルに出入りするゲストの多くがドアマンの立つ正面玄関を通過するからだ。したがって、"Good afternoon [morning / evening]!" と声を掛ける相手は数知れない。

Doorman's Phrases

　そのうち、大きい荷物を持ってタクシーから降り立つお客は、ほぼ間違いなくチェックインをするはずだ。そこで、効率的な仕事の仕方としては、まず荷物を預かり、かわりに荷物引換券を渡す。(このとき、引換券と対になった札が荷物に付けられる。)この引換券の意味の解らないゲストもいるだろうから、これをチェックインの際にフロント係員に示すよう案内する。

　ちなみにフロント係員は、ゲストから渡されたこの引換券にそのゲストに提供した客室の番号を書き入れ、ポーターに手渡す。ポーターはこの引換券と対になった荷物を持ち、指定された客室に運ぶという手筈である。この手順を想定した会話が64ページ【3－1】だ。

　それから、自分で運転してホテルに到着したゲストの車を駐車場に入れてやったり、宴会場やレストランの場所をゲストに案内することもドアマンの大切な任務となるだろう。さらに、タクシーに乗るゲストにかわって運転手に行先を告げたり、荷物の積み込みに手を貸してやることも日常的な仕事である。

●●●●●

ドアマンの英会話

【3−1】
★ いらっしゃいませ。
☆ こんにちは［こんばんは］。
★ （荷物を預りながら）これが荷物の引換券です。フロント係員にお示しの上チェックインなさってください。

【3−2】
☆ （車の運転台からドアマンに向かって）これからチェックインします。
★ 車を駐車場にお入れしましょうか。
☆ はい、お願いします。
★ では、チェックインをなさっていてください。キーはフロントにお届けします。

【3−3】
☆ すみません。宴会場はどこですか。
★ ① 宴会場入口はあちらです。
　② 上の階です。ここから中にお入りになってエスカレーターをお使いください。

【3−4】
☆ タクシーをお願いします。
★ どちらにお行きになりますか。
☆ 成田空港です。
★ かしこまりました。お荷物はこれだけですか。

3

Doorman's Phrases

▓ 18

★ Good afternoon [evening], madam [sir]!
☆ Good afternoon [evening].
★ This is your luggage ticket. Please check-in with showing this at the reception.

▓ 19

☆ I'm checking-in now!

★ Would you like me to put your car in the car park?
☆ Yes, please.
★ OK. Please check-in first. I will return your key to the reception.

▓ 20

☆ Excuse me. Where is the banquet room, please?
★ ① The banquet room entrance is over there.
　② It's upstairs. Please enter here and use the moving staircase.

▓ 21

☆ Could I have a taxi, please?
★ Where are you going, madam [sir]?
☆ Narita airport, please.
★ Certainly. Is that all for your luggage?

練習問題

1. これがお荷物の引換券です。フロントでお示しの上チェックインなさってください。
2. 車を駐車場にお入れしましょうか。
3. キーはフロントにお届けします。
4. 宴会場は上の階です。あのエスカレーターをお使いください。
5. どちらにお出掛けですか。
6. お荷物はこれだけですか。

Doorman's Phrases 3

解 答 例

🎧 22

1. This is your luggage ticket. Please check-in with showing this at the reception.
2. Would you like me to put your car in the car park?
3. I will return your key to the reception.
4. The banquet room is upstairs. Please use that moving staircase.
5. Where are you going, madam [sir]?
6. Is that all for your luggage?

CHAPTER 4

フロント係の英会話

フロント係はホテルのあらゆる部署の業務案内を把握していなければならない

・・●・・

　フロント係（Receptionist）の主な仕事は、チェックイン（check-in　ゲスト到着時の宿泊手続き）とチェックアウト（check-out　ゲスト出発時の精算手続き）の2つであるが、さらに宿泊客などから発せられる様々な質問や要望に応じることも重要な職務である。その内容は、客室内の設備や館内の各種施設・サービスに関することはもちろん、外貨の交換率からミニバーのジュースの値段にいたるまで多岐にわたる。
　したがって、フロント係はホテルのあらゆる部署の業務内容を万遍なく把握していなければならない。また、効率良く仕事をこなすために、ゲストが何をしたいのかを素早く見抜く洞察力も必

Receptionist's Phrases

要である。

　いつも注意すべきは、時刻（朝ならば当然チェックアウトが多い、夕刻はチェックイン）、ゲストの服装や携帯品の内容（買い物袋を持っているとか）、当日の予約状況（空室数や大きいグループの有無）といったことである。

　そこで、例によって"Good afternoon [morning／evening]."の挨拶ではじまる会話の最中にも、目の前のゲストをなにげなく観察し、ゲストが"Good afternoon [morning／evening]."を返した直後には次のアクションにつながるフレーズが口をついて出ることが望ましい。

　たとえば、チェックインをしそうだと思われるゲストに向かっては74ページ【4－2】のごとく"Are you checking-in?"と切り出す。チェックアウトをしそうなゲストなら【4－17】のごとく"Are you checking-out?"となる。

　また、ゲストが何かしてほしそうに見えるときには80ページの【4－9】以下のごとく"May I help you?"と聞いてやるのがベストだろう。かくして、あなたは最短時間で用件に入ることができる。

　もちろん、暇で暇で仕方がないという日にこれをやる必要はない。"How are you?"でゆっくり会話を始め、その日の天気の話やニュースなどの話題の後にじっくり本題に入ればよい。ところが「お客様は神様」という異常な差別思想のある日本では、ホテルのスタッフがゲストと対等に話をすることがままならない。残念なことだ。

　さて、チェックインをするゲストには手際よく荷物の引換券

（ドアマンがゲストに渡したもの、【3－1】参照）の有無と予約の確認を行う。このとき、コンピューターの端末に予約が見当たらないことはままあるが、

・予約ミスによる到着日違い
・予約ミスによるホテル違い（類似した名前のホテルやチェーンの姉妹ホテルがある場合によく起こる）
・コンピューターへのゲスト名入力ミス（スペル違い）

などあらゆる可能性をあたってみるのがプロの仕事だ。もし、予約番号（Confirmation Number）がゲストに与えられるシステムの場合は、それを手がかりにして予約を見つけるという手が有効だ。

　チェックインの最中にゲストから客室に関する突然のリクエストが飛び出すこともある。76ページ【4－3】や【4－4】のような場合だ。要望に沿える場合は問題ないが、そうでない場合は出来るだけゲストの希望に近い解決を見つけることを考える。
　「出る杭は打たれる」の国では、自国民のゲストは突拍子もないことは言わないが、ガイジンはそうとは限らない。だからといって、ゲストの要望になんでも"No."を言っては商売にならない。「できることはする、できないことはしない」が最善の解決策である。
　ゲストが宿泊者カード（Registration Card）を書き終わったら、出発日の出発予定時刻を確認し、クレジットカードの写し（Imprint）を取る。クレジットカードの写しを取ったり、前受金

Receptionist's Phrases

（Deposit）を預かることは、「泊まり逃げ」（Skip Out）犯罪の防止につながる。

　ルームキーを渡し（カード式キーの場合は、その使用方法を説明し）、チェックインは完了する。ゲストからさらに質問や要望が出なければ、あとはエレベーター（Lift）の場所を教えてやるか、ないし客室まで案内する訳だ。

　チェックインを終えたゲストがすぐさま戻ってきたり、電話をかけてきたり、外出の前に立ち寄ったり、ホテルに戻ってまた立ち寄ったりと、フロント（Reception）はゲストにとって困ったときの格好の「救援本部」となる。難しい問題は宿直接客マネージャー（Duty Manager　第9章参照）が解決にあたるが、Receptionistも、できる限りゲストの要望に答えてやるのが仕事だ。

　80ページのモーニングコール手配【4－9】、外貨両替【4－10】、小銭への両替【4－11】、セーフティボックス貸出【4－12】などゲストから頻繁に依頼される業務については、一度要領を覚えてしまえば会話も動作も毎度のことでそう難しくはない。

　しかし、ゲストからのリクエストが複雑なもの、特殊なもの、個人的なものになると、受け答えにも注意が要る。たとえば、館内のレストランの予約【4－14】は一見簡単な作業だが、休業日を覚えていないと後でトラブルになる。また、メッセージなどの受け渡し【4－15】も単純なミスが大きなトラブルを呼ぶ。

　それから、ルームキーの紛失や部屋への置き忘れなどで困ったゲストに助けの手を差し伸べることは、ホテルのスタッフとして

大切なことである。が、この場合にも、細心の注意が必要だ。たとえば、ゲストの身元の確認を怠ると犯罪者に手を貸すことにもなりかねないからである。

　チェックアウトは手順が極めてパターン化した作業で、しかもゲストは出発前なので迅速な処理を要求する。したがって、簡明なフレーズで手際よく会話を進めればそれだけで充分である。ゲストに余裕があれば別だが、ここで世間話など始めてはならない。せいぜい最後に"Have a nice trip!"とつけ加えてゲストとはさよならだ。

　　　　　••●••

4
Receptionist's Phrases

フロント係の英会話

【4−1】
- ★ いらっしゃいませ。
- ☆ こんにちは［おはようございます／こんばんは］。
   （ゲストの様子を素早く観察し、チェックインすると思われる場合は【4−2】へ、そうでない場合は【4−9】以下の各ケースへ、またチェックアウトすると思われるときは【4−17】へ）

【4−2】
- ★ チェックインですか。
- ☆ はい、そうです。
- ★ 荷物の引換券はございますか。
- ☆ はい、これです。
- ★ では、ご名字をお願いします。
- ☆ レイノルズです。
- ★ どのように綴りますか。
- ☆ R、e、y、n、o、l、d、s です。
   （コンピューター端末で予約を確認して）
① ★ それでは、こちらの用紙（宿泊者カード）にご記入ください。
   ☆ はい。
② ★ あいにくコンピューターにお名前が見当たりません。予約番号はお持ちですか。
   ☆ はい、9876543 です。
   ★ 確認いたします。（端末で予約を確認して）コンピューターへのお名前の入力が間違っておりました。大変失礼いたしました。こちらの用紙（宿泊者カード）にご記入ください。
   ☆ はい。

4

Receptionist's Phrases

🎵 23

★ Good afternoon [morning / evening], madam [sir]!
☆ Good afternoon [morning / evening].

🎵 24

★ Are you checking-in?
☆ Yes, I am.
★ Do you have a luggage ticket?
☆ Yes, here it is.
★ Could I have your last name?
☆ Reynolds.
★ How do you spell it, please?
☆ It's R, e, y, n, o, l, d, s.

① ★ Right. Can you fill out this form, please?
  ☆ OK.
② ★ I cannot find your name in the system, I'm afraid. Do you have the confirmation number?
  ☆ Yes. It's 9876543.
  ★ Let me check… . Your name was wrongly input in the system. I'm so sorry. Could you please fill out this form, Ms. Reynolds?
  ☆ OK.

【4-3】

☆ すみません。お部屋はダブルにしていただけますか。
① ★ かしこまりました。
② ★ あいにく、ダブルが全部ふさがっております。明日には空きが出ますが、お移りになりますか。

☆ はい、お願いします。
★ では、明朝お荷物をまとめてお出かけください。お荷物を新しいお部屋にご移動いたしておきます。新しいキーはお戻りの際にここでお受け取りください。

☆ わかりました。どうもありがとう。
★ どういたしまして。

【4-4】

☆ すみません。2つのお部屋を隣りどうし［同じ階］にしていただけますか。
★ かしこまりました。

【4-5】

★ （宿泊者カードの記入内容を確認し）ありがとうございます。明後日［27日］のご出発時刻はお決まりですか。
① ☆ 7時頃です。
　★ かしこまりました。
② ☆ まだ決めていません。
　★ さようでございますか。

Receptionist's Phrases

4

☆25

☆ Excuse me. Could I have a double room, please?
① ★ Certainly.
② ★ Sorry, no double is available at the moment. But we will be able to find a double room tomorrow. Would you like to move tomorrow?
☆ Yes, please.
★ OK. Please pack your luggage when you go out tomorrow. Then we will move it to your new room. You could pick-up your new key here when you come back.
☆ All right. Thanks very much.
★ You are welcome.

☆26

☆ Excuse me. Could I have two adjoining rooms [two rooms on the same floor], please?
★ Certainly.

☆27

★ Thank you, madam [sir]. Have you decided your departure time the day after tomorrow [on 27th]?
① ☆ Around 7 o'clock.
★ All right.
② ☆ No, not yet.
★ It's OK.

☆ お部屋は何時まで使えますか。
★ 正午まででございます。
☆ そうですか。
★ それでは、クレジットカードの写しを取らせていただけますか。
☆ （クレジットカードを出して）はい、どうぞ。
★ （クレジットカードを返して）ありがとうございました。

【4－6】
① ★ （カード式ルームキーを渡しながら）こちらが、お部屋のキーでございます。この向きに差し込んで、すぐお引きください。緑色のランプがついたら開けられます。
☆ わかりました。
② ★ （旧式のルームキーを渡しながら）こちらがお部屋のキーでございます。お出掛けの都度、ここへお預けください。
☆ わかりました。

【4－7】
☆ すみません。もっと高い階のお部屋はありませんか。
① ★ ございます。お取り替えいたします。
☆ ありがとう。
② ★ ございますが、街側の眺めになります。宜しいですか。

☆ それなら、もとのままでいいわ。ありがとう。

Receptionist's Phrases   4

☆ Until what time can I use my room?
★ Until noon, madam [sir].
☆ All right.
★ Now, may I imprint your credit card?
☆ OK. Here it is.
★ Thank you, madam [sir].

28

① ★ This is your room-key. Please insert this way then pull out immediately. If the green light is on, you can open the door.
☆ I understand.
② ★ This is your room-key. Please leave it here every time (when) you go out.
☆ OK.

29

☆ Excuse me. Don't you have a room on a higher floor?
① ★ Yes we have. I'll change it, madam [sir].
☆ Thank you.
② ★ Yes, we do. But the room is with a city view. Is it OK for you?
☆ If so, I will take the original one. Thank you anyway.

【4-8】
★ ① エレベーターは、右手［左手］奥にございます。ごゆっくりどうぞ。
　② お部屋までご案内いたします。
☆ どうも。

【4-9】
★ お困りですか。
☆ はい。あすの朝のモーニングコールをお願いしたいのですが…
★ かしこまりました。お部屋番号は何番でしたでしょう。
☆ 723です。
★ 何時にお入れしますか。
☆ 6時45分にお願いします。
★ 6時45分、かしこまりました。
☆ ありがとう。
★ どういたしまして。

【4-10】
★ お困りですか。
☆ はい。（外貨を出して）これを両替していただけますか。
★ かしこまりました。（両替額を計算して）53,720円になります。
☆ 結構です。（両替金を受け取り）ありがとう。
★ どういたしまして。

Receptionist's Phrases

🎵 30
★ ① The lift is over there on the right [left] hand side. Have a nice stay!
  ② I'll show you up to your room.
☆ Thanks.

🎵 31
★ May I help you?
☆ Yes. Could I have a wake-up call for tomorrow, please?
★ Certainly. Your room number is….
☆ 723.
★ At what time would you like your wake-up call?
☆ Quarter to seven, please.
★ Quarter to seven. No problem.
☆ Thank you.
★ My pleasure.

🎵 32
★ May I help you?
☆ Yes…. Could you change this, please?
★ Certainly…. This amount is equivalent to ¥53,720.

☆ Fine…. Thank you.
★ You are welcome.

【4-11】
★ お困りですか。
☆ はい。(1万円札を出し) これを細かくしていただけますか。
★ かしこまりました。どのように両替いたしましょう。
☆ 100円硬貨を入れてください。
★ ① はい、そのように。(両替金を数えながら) こちらになります。
★ ② あいにく、100円硬貨が足りませんので50円硬貨も混ぜて差し上げます。(両替金を数えながら) こちらになります。
☆ どうもありがとう。
★ どういたしまして。

【4-12】
★ お困りですか。
☆ はい。セーフティボックスを使いたいのですが…。
★ それでは、左手の部屋の中へお入りになり、中にあるベルを鳴らしてください。
☆ わかりました。

【4-13】
★ お困りですか。
☆ はい。朝食[アフタヌーンティー]はどこで取れますか。

★ この階のコーヒーショップ[あちらのロビーラウンジ]でございます。

Receptionist's Phrases

4

🎧 33

★ May I help you?
☆ Could you change this to small, please?
★ Certainly. How would you like your change?
☆ I need some 100 yen coins.
★ ① OK....Here you are.

★ ② We don't have enough 100 yen coins. So, I give you some 50 yen coins as well.... Here you are.
☆ Thank you so much.
★ Not at all.

🎧 34

★ May I help you?
☆ Yes, I would like to use a safety deposit box.
★ Right. Please come into the room on your left and ring the bell inside.
☆ OK.

🎧 35

★ May I help you?
☆ Yes. Where can I have breakfast [afternoon-tea], please?
★ At the Coffee Shop on this floor [Lobby Lounge just there], madam [sir].

【4-14】
★ お困りですか。
☆ はい、今夜の夕食のテーブルの予約をしておきたいんですが…。
★ どのレストランがよろしいですか。
☆ フランス料理でお願いします。
① ★ かしこまりました。何時にお入れしますか。
　 ☆ ８時にしてください。
　 ★ ご人数は…。
　 ☆ ４人です。
　 ★ お取りいたしておきます。お名前とお部屋番号をいただけますか。
　 ☆ ティナ・クーパー、５４３号室です。
　 ★ かしこまりました。
　 ☆ ありがとう。
　 ★ どういたしまして。
② ★ あいにくフランス料理のレストランは本日休業でございます。
　 ☆ それは残念です。ホテルの外によいフレンチはありますか。

　 ★ 隣のデスクのコンシェルジュがレストラン探しのお手伝いをいたします。
　 ☆ じゃあ、聞いてみます。

Receptionist's Phrases 4

36

★ May I help you?
☆ Yes, I would like to book a table for dinner tonight.
★ Which restaurant would you prefer?
☆ French one, please.
① ★ All right. At what time would you like to book?
☆ Eight o'clock, please.
★ For how many people, madam [sir]?
☆ Four people, please.
★ I will book for you. Could I have your name and room number, please?
☆ My name is Tina Cooper. And my room number is 543.
★ Certainly, Ms.Cooper.
☆ Thank you.
★ You are welcome.
② ★ Our French restaurant is closed today, I'm afraid.
☆ Oh, it's a pity. Do you know a nice French restaurant outside?
★ Our Concierge at the next desk can help you in finding a good restaurant.
☆ OK. I'll ask him.

【4−15】
★ お困りですか。
☆ はい、私に何かメッセージ［荷物］が届いていませんか。
★ お調べします。お部屋番号は何番でしょう。
☆ 810、マリア・アダモです。
★ ① いまのところ、ございません。もし、お届けがありましたらお部屋にお電話いたします。
　② こちらにはございませんが、コンシェルジュデスクも確認いたしましょう。（確認後）コンシェルジュデスクに小包が届いております。
☆ ありがとう。

【4−16】
★ お困りですか。
☆ はい。お部屋の中にキーを忘れてしまいました。ドアを開けていただけませんか。
★ お部屋番号とお名前をいただけますか。

☆ トレイシー・ランダー、254号室です。
★ ①（カード式ルームキーの場合）新しいキーをご用意いたします。（新しいキーを渡しつつ）さあどうぞ。
　②（旧式のキーの場合）マスターキーで開けなければなりません。私がお部屋までご一緒しましょう。

Receptionist's Phrases

37

★ May I help you?
☆ Is there any message [delivery] for me?
★ I will check for you. Your room number is….
☆ 810. Maria Adamo.
★ ① We have nothing for you at the moment. If anything delivered, I will call you in your room.
　② Nothing here at the moment. I will also check with Concierge…. We have a parcel for you at the Concierge desk.
☆ Thank you.

38

★ May I help you?
☆ Yes. I left my key in my room. Can you open the door for me, please?
★ Could I have your name and your room number, please?
☆ I am Tracy Lander in Room 254.
★ ① I will cut a new key for you…. Here you are.

　② We need to unlock the door with the master key. I go up to your room with you.

【4－17】
★ チェックアウトでいらっしゃいますか。
☆ （キーなどを示し）はい、そうです。
★ 昨晩のミニバーのご使用はおありですか。
☆ ① いいえ、ありません。
　② はい、ビールとミネラルウォーターを１本ずつ貰いました。
★ かしこまりました。（勘定書きをプリントして）内容をご確認ください。
① ☆ 結構です。
② ☆ 有料テレビの料金が請求されていますが、映画は見ていません。
　★ お取消しいたします。失礼しました。
★ お支払はいかがなさいますか。
① ☆ 現金で…。これでお願いします。
　★ （精算を終えて）3,430円のお返しです。ありがとうございました。
② ☆ （クレジットカードを示し）このカードは使えますか。
　★ はい、お使いいただけます。こちらにご署名をお願いします。（精算を終えて）カードと控えです…。ありがとうございました。

Receptionist's Phrases

🎧 39
★ Are you checking-out?
☆ Yes, I am.
★ Did you have something from the mini-bar last night?
☆ ① No, I didn't.
　② Yes, I had beer and mineral water. One for each.
★ OK…. Please check your bill.

① ☆ Fine.
② ☆ A pay TV charge is here on the bill, but I haven't watched a movie.
　★ OK. I will delete it. No problem.
★ How would you like to pay?
① ☆ By cash, please…. Here you are.
　★ The change is ¥3,430. Thank you very much.

② ☆ Do you accept this card?
　★ Yes, we do. Can you sign here, please…? Your card and the Sales slip…. Thank you very much.

練習問題

1. チェックインですか。
2. ご名字をいただけますか。
3. どのように綴りますか。
4. こちらの用紙にご記入ください。
5. 確認いたします。
6. 明日、別の部屋にお移りになりますか。
7. お出掛け前にお荷物をまとめてください。
8. 新しいキーはここでお引き取りください。
9. 明日のご出発時刻はお決まりですか。
10. クレジットカードの写しを取らせていただけますか。
11. こちらがお部屋のキーでございます。
12. この向きに差し込んで、すぐお引きください。
13. 緑色のランプがついたら開けられます。
14. お部屋のキーは、お出掛けの都度ここへお預けください。
15. 公園の眺められるお部屋がございます。
16. エレベーターは右手奥にございます。
17. お部屋までご案内いたします。
18. お困りですか。

Receptionist's Phrases

解 答 例

🎧 40

① Are you checking-in?

② Could I have your last name?

③ How do you spell it, please?

④ Please fill out this form.

⑤ Let me check.

⑥ Would you like to move to another room tomorrow?

⑦ Please pack your luggage before you go out.

⑧ Please pick-up your new key here.

⑨ Have you decided your departure time tomorrow?

⑩ May I imprint your credit card?

⑪ This is your room key.

⑫ Please insert this way and pull out immediately.

⑬ If the green light is on, you can open the door.

⑭ Please leave your key here every time (when) you go out.

⑮ We have a room with a park view.

⑯ The lift is over there on the right hand side.

⑰ I'll show up to your room.

⑱ May I help you?

練習問題

⑲　モーニングコールは何時にお入れしますか。

⑳　どのように両替いたしますか。

㉑　ご朝食のレストランは、この階の「コーヒーショップ」でございます。

㉒　あいにくフランス料理のレストランは本日休業でございます。

㉓　コンシェルジュデスクに小包が届いております。

㉔　新しいキーをご用意いたします。

㉕　昨晩のミニバーのご使用はおありですか。

㉖　お支払いはいかがなさいますか。

㉗　こちらにご署名ください。

Receptionist's Phrases

解 答 例

(19) At what time would you like your wake-up call?

(20) How would you like your change?

(21) The restaurant for your breakfast is "Coffee Shop" on this floor.

(22) Our French restaurant is closed today, I'm afraid.

(23) We have a parcel for you at the Concierge desk.

(24) I will cut a new key for you.

(25) Did you have something from the mini bar last night?

(26) How would you like to pay?

(27) Please sign here.

CHAPTER 5

ポーターの英会話

ポーターの主たる仕事は宿泊客の手荷物の上げ下ろし

　ポーター（Luggage Porter）の主たる仕事は、到着したゲストの荷物を部屋まで運び上げ、出発するゲストの荷物を玄関まで運び下ろすことである。さらに、客室移動などの際に荷物の移動をしたり、チェックアウト後のゲストの荷物を預かったりもする。

Luggage Porter's Phrases

　こういった荷物扱いの仕事なら日常業務だから、会話も手順どおりで難しいことは何もない。96ページの【5－1】、【5－5】、【5－6】のごとく極めて単純な会話である。
　ただし、荷物がなかなか配達されないといったゲストからの苦情に対処することは、決して簡単ではない。【5－4】　ケースバイケースのトラブル処理要領をひと言で説明はできないが、その基本は、状況のきちんとした説明と丁重な謝罪といっていいだろう。
　それから、部屋に行った際にゲストからされる業務外の質問もある意味で厄介だろう。「何はどこにある」【5－2】とか「これはどうやって使う」【5－3】といったお決まりの質問にはあらかじめ答を用意をしておくと便利だ。
　だが、「目薬はどこで買えるかしら…」とか「部屋で見たいビデオがあるんだけど…」といった個性的な質問には答の用意のしようがない。自分の知識で解決がつかないときに誰に連絡すればいいか即座に思いつけばポーター合格（というよりホテルスタッフ合格）といえるだろう。

●●●●●

ポーターの英会話

【5-1】
（荷物をゲストの部屋まで届ける場合）
★ （ドアごしに）お荷物でございます。
☆ はい、ちょっと待って。（ドアを開ける）
★ こんにちは［こんばんは］。お荷物の届けです。
☆ こんにちは［こんばんは］。
★ （荷物を部屋の中に入れ終わり）これで全部ですか。
☆ はい。（チップを出し）ありがとう。
★ ありがとうございました。

【5-2】
☆ すみません、目覚まし［このスタンドのスイッチ／電気湯沸かし］はどこにありますか。
★ ① はい、こちらでございます。
　② あいにく、湯沸かしの用意はございません。お湯はルームサービスにご用命ください。

【5-3】
☆ すみません、エアコンはどうやって使えばよいのですか。
★ ① （旧式のエアコンの場合）まずこの電源を入れます。そして温度調節をここでします。
　② （デジタル表示のエアコンの場合）このボタンでお好きな温度にセットしてください。あとは機械が自動的に作動します。

5

Luggage Porter's Phrases

🅲🅳 41

★ Your luggage!
☆ Yes, one moment....
★ Good afternoon [evening]. Your luggage, madam [sir]!
☆ Good afternoon [evening].
★ Is that all?
☆ Yes.... Thank you.
★ Thank you very much, madam [sir].

🅲🅳 42

☆ Excuse me. Where is the alarm clock [the switch for this lamp / the electric kettle], please?
★ ① Yes, it's here.
　② We don't have a kettle, I'm afraid. Please call Room Service for boiled water.

🅲🅳 43

☆ Excuse me. How can I use the air-conditioner, please?
★ ① Turn on the main switch here first. Then operate the temperature controller here.
　② Just set a temperature as you like with this switch, then the machine automatically starts.

【5−4】☎
- ★ こんにちは。ポーターデスクでございます。
- ☆ はい、こちら436号室です。15分ほど前にチェックインしたのですが、荷物がまだ届きません。
- ★ では、お調べします。(確認後)今お部屋に向かっております。お待たせしてすみません。
- ☆ そうですか。では待っています。ありがとう。
- ★ いいえ、失礼しました。

【5−5】☎
- ★ おはようございます。ポーターデスクでございます。
- ☆ これから、チェックアウトします。荷物を下に降ろしていただけますか。
- ★ かしこまりました。お部屋の番号は…。
- ☆ 627です。
- ★ では、すぐ係員をお部屋に向かわせます。
- ☆ どうもありがとう。
- ★ どういたしまして。

Luggage Porter's Phrases

5

🅒 44

★ Good afternoon. Porter Desk. May I help you?
☆ Yes. This is Room 436. I checked-in 15 minutes ago. But I haven't received my luggage yet.
★ Yes, madam [sir], let me check…. Your luggage is on the way. I'm sorry to keep you waiting.
☆ OK. I'll wait. Thanks.
★ Not at all. Bye.

🅒 45

★ Good morning. Porter Desk. May I help you?
☆ Yes, I'm checking-out now. Can you bring down my luggage, please?
★ Certainly. Your room number is….
☆ 627.
★ OK. I'll send someone to your room right away.
☆ Thank you.
★ You are welcome.

【5−6】
（出発するゲストの荷物を部屋に取りに行く場合）
- ★ （ドアごしに）ポーターでございます。
- ☆ はい、ちょっと待って。（ドアを開ける）
- ★ おはようございます。
- ☆ おはようございます。
- ★ （荷物を部屋の外に出し終わり）これで全部ですか。
- ☆ はい。ありがとうございます。
- ★ いいえ。では、玄関でお待ちします。

【5−7】
- ☆ すみません。午後に出発するんですが、それまでこの荷物を預かって貰えますか。
- ★ 何時にご出発ですか。
- ☆ 5時頃です。
- ★ かしこまりました。こちらが引換券です。
- ☆ ありがとうございます。
- ★ どういたしまして。

Luggage Porter's Phrases

46

★ Luggage Porter!
☆ Yes, one moment….
★ Good morning, madam [sir]!
☆ Good morning.
★ Is that all?
☆ Yes. Thank you.
★ No problem. I will wait for you at the entrance.

47

☆ Excuse me. I'm departing in the afternoon. Could you keep this luggage here?
★ At what time are you departing?
☆ Around five o'clock.
★ OK. This is your luggage ticket.
☆ Thank you very much.
★ Not at all.

練習問題

① お荷物のお届けです。

② エアコンのスイッチはここにあります。

③ お湯はルームサービスにご用命ください。

④ お荷物は今お部屋に向かっております。

⑤ すぐ係員をお部屋に向かわせます。

⑥ これで全部ですか。

⑦ 何時にご出発ですか。

⑧ こちらが引換券です。

Luggage Porter's Phrases **5**

解　答　例

48

① Your luggage, madam [sir]!
② The switch for the air-conditioner is here.
③ Please call Room Service for boiled water.
④ Your luggage is on the way.
⑤ I'll send someone to your room right away.
⑥ Is that all?
⑦ What time are you departing at?
⑧ This is your luggage ticket.

CHAPTER 6

ビジネスセンター係の英会話

ビジネスセンターは都市型ホテルには欠かせない施設

　ビジネスセンターは都市型ホテルには欠かせない施設となった。コピー、ファックス送信、タイプといった基本的なサービスを提供するだけでも充分その存在価値がある。
　ところで、英語でいうcopyは「写しを取る」ことで、その方法は何でもよい。たとえば、手書きで写そうが、カーボン紙を使おうが、内容が同一ならみなcopyという。しかし日本人が「コピーする」というときは「コピー機を使って写しを取る」という意味をさし、これを英語ではphoto-copyという。
　106ページ【6−1】は、このphoto-copyの依頼への対応、【6−2】はファックス送信、【6−3】はタイプという場合であ

Business Centre Clerk's Phrases

　る。いずれも、ゲストのリクエストを的確に処理することを念頭に会話を進める。会話の相手は多忙なビジネスマンなので、明解なやりとりが望まれることは言うまでもない。

　ビジネスミーティング（Business Meeting）のアレンジ【6－4】になると話が込み入ってくる。会議室の見学【6－5】の場面では、大方の話がまとまるので、あれが欲しい、これが欲しいという細かなリクエストがいろいろと出てくるはずだ。

　よくリクエストに挙がるものとしては、ビデオレコーダー（Video Recorder）、スライド映写機（Slide Projecter）、ＯＨＰ（Over Head Projecter）、ホワイトボード（White Board）、発表紙めくり（Flip Chart）、それに各種文具といったところである。

　ときには、「会議の内容を録音して、ディクテート（dictate 書き取り）してくれ」とか「ミーティングルームに電話回線を3本引いて欲しい」とか「ソーター（Sorter 仕分け装置）付きの大型コピー機を部屋に用意して」といった厄介な内容にもなる。

　それから最近はパソコン（Personal Computer）が普及して、ラップトップ（Lap-top）とかデスクトップ（Dcsk-top）とか呼ばれる携帯型コンピューターを持参というゲストも増えた。

　変圧器（Transformer）や、電話回線に接続するアダプター（Adapter）の貸出しサービスに対する需要もしたがって間違いなく増加しているはずだ【6－6】。しかし、コンピューターに関するある程度の知識がないと仕事にならないというのが現実だろう。

●●●●●

ビジネスセンター係の英会話

【6－1】
- ★ こんにちは。
- ☆ こんにちは。
- ★ お困りですか。
- ☆ はい、これをコピーしていただけますか。
- ★ 1枚ずつでよろしいですか。
- ☆ はい。
- ★ （コピーを終えて）　こちらになります。1枚50円で、合計400円です。お支払いはいかがなさいますか。

① ☆ 現金でお払いします。(1,000円を渡す)
　　★ おつり600円と領収書です。ありがとうございました。

② ☆ 私の部屋につけてください。
　　★ かしこまりました。こちらにお名前とお部屋番号をくずさずお書きください。こちらにご署名もお願いします。（記入内容確認後）ありがとうございました。

Business Centre Clerk's Phrases

🔘 49

★ Good afternoon, madam [sir]!
☆ Good afternoon.
★ How can I help you?
☆ Can you photo-copy these for me, please?
★ One for each?
☆ Yes, please.
★ Here you are. ¥50 for each, so ¥400 in total. How would you like to pay?
① ☆ By cash, please….
   ★ The change is ¥600, and your receipt. Thank you very much.
② ☆ Can you charge it to my room, please?
   ★ Yes, madam [sir]. Could you print your name and room number here? And sign here, please…. Thank you very much.

【6-2】
☆ すみません。ファックスを送りたいのですが…。
★ かしこまりました。
☆ 料金はおいくらですか。
★ 日本国内へは1枚200円、海外へは1枚400円です。

☆ では、これをフランスにお願いします。
★ かしこまりました。送信が終わるまでお待ちになりますか。

① ☆ はい、待ちます。
　　★ （送信を終え）おまたせしました。原稿と送信スリップです。
(以下、精算のやりとりは【6-1】と同様)
② ☆ いいえ。おまかせします。
　　★ では、送信終了後原稿を送信スリップとともにお部屋にお届けします。お支払いは　お部屋付けでよろしいですか。

　　☆ はい、結構です。
(以下、【6-1】の精算のやりとり②と同様に)

Business Centre Clerk's Phrases

50
☆ Excuse me. I would like to send a fax.
★ Certainly, madam [sir].
☆ How much is the charge, please?
★ ¥200 per page in Japan and ¥400 per page out of Japan, madam [sir].
☆ OK. Can you send these to France?
★ Yes, madam [sir]. Would you like to wait for the completion of sending?

① ☆ Yes, I will wait.
  ★ I'm sorry to keep you waiting. Your original and the transmission slip, madam [sir].

② ☆ No. I leave it to you.
  ★ All right. After sending, I will bring up your original to your room with the transmission slip. May I charge this to your room?
  ☆ Yes, you may.

【6-3】
☆ すみません。これをタイプしていただけますか。
★ かしこまりました。通常、Ａ４の普通紙にタイプしますが、よろしいですか。
☆ 結構です。２部つくっていただけますか。
★ 間違いなく。出来ましたらお部屋にご連絡いたしましょうか。
☆ お願いします。

【6-4】
☆ すみません。個室でビジネスミーティングをしたいのですが…。

★ 何名様ですか。
☆ ６名です。
★ ６名様でしたら、会議室が何種類かございます。ミーティングはいつのご予定ですか。
☆ 明朝です。
★ 明朝の会議室の空き状況を確認しましょう。

（確認後）
① ★ ２室に空きがございます。大きさはほとんど同じです。料金は、一方が時間当たり4,500円、他方が5,000円です。

　☆ 部屋を今見せてもらうことは可能ですか。
　★ はい、可能です。（以下【6-5】へ）
② ★ あいにく、明朝は空きがありません。
　☆ それはついていません。とにかく、ありがとうございました。

Business Centre Clerk's Phrases

🎵 51

☆ Excuse me. Can you type this up for me, please?
★ Certainly. We usually type on normal A4 paper. Is it OK for you?
☆ It's fine. I need two copies, please.
★ No problem, madam [sir]. Shall I call you when it's ready?
☆ Yes, please.

🎵 52

☆ Excuse me. I would like to organise a business meeting in a private room….
★ For how many people, madam [sir]?
☆ Six people.
★ For six people, we have several meeting-rooms. When are you holding a meeting?
☆ Tomorrow morning.
★ Let me check the availability of our meeting rooms tomorrow morning.

① ★ Two rooms are available tomorrow morning. The sizes are almost the same. One is ¥4,500 per hour, the other is ¥5,000.
   ☆ Can I have a look of those rooms, please?
   ★ Yes, you could.
② ★ No room is available tomorrow morning, I'm afraid.
   ☆ Oh, it's unfortunate. Thank you anyway.

【6−5】
(ミーティングルームを見学するゲストを案内する)
★ こちらへどうぞ。この部屋ですと最大8名様までお入りいただけます。
☆ そうですか。この部屋でビデオ［スライド］を見ることはできますか。
★ ① はい、ご覧いただけます。ビデオレコーダー［スライド映写機］が既に備わっています。
　② スライド映写機はお貸しできます。
☆ 結構です。それから、紙と鉛筆［ホワイトボード／発表紙めくり］を用意いただきたいのですが…。
★ 問題なくご用意できます。

【6−6】☎
★ こんにちは。ビジネスセンター、清水でございます。

☆ こんにちは。こちら454号室ですが、お願いがあります。

☆ はい。
★ 部屋で、持ってきたラップトップ・コンピューターを使いたいのですが、アダプター［変圧器］を借りられますか。
① ★ かしこまりました。お部屋へすぐお届けします。
② ★ お持ちのコンピューターは何ボルト用ですか。
　　☆ 220ボルトです。
　　★ かしこまりました。お部屋までお届けします。
☆ ありがとうございます。
★ どういたしまして。

Business Centre Clerk's Phrases

⸺⸺ 53

★ This way, please. This room is for 8 people, maximum.
☆ OK. Can I watch videos [slides] here?

★ ① Yes, you could. The video recorder [The slide projecter] is already installed.
② A slide projecter is available for rent.
☆ It's good. And I would like you to prepare writing pads with pencils [a white board / a flip chart]….
★ No problem at all.

⸺⸺ 54

★ Good afternoon. Business Centre. Ms.Shimizu speaking. May I help you?
☆ Good afternoon. This is Room 454. Could you do me a favour?
☆ Yes, madam [sir].
★ I would like to use my lap-top computer in this room. Can I borrow an adapter [a transformer], please?
① ★ Certainly. I'll bring it to your room right away.
② ★ How many volts is your computer for?
☆ It's for 220volts.
★ All right. I'll bring one to your room.
☆ Thank you so much.
★ You are welcome.

練習問題

1. こちらにお名前とお部屋番号をくずさずお書きください。
2. 米国へのＦＡＸ料金は１枚３００円です。
3. 通常Ａ４の普通紙にタイプしますが、よろしいですか。
4. 出来ましたら、お部屋にご連絡いたしましょうか。
5. ミーティングはいつのご予定ですか。
6. 明朝の会議室の空き状況を確認いたします。
7. あいにく、ただいま会議室に空きはありません。
8. この部屋ですと最大６名様までお入りいただけます。
9. スライド映写機はお貸しできます。
10. ホワイトボードはご用意できます。無料です。
11. お持ちのコンピューターは何ボルト用ですか。

Business Centre Clerk's Phrases 6

解 答 例

🎧 55

1. Please print your name and room number here.
2. The fax charge to U.S.A. is ¥300 per page.
3. We usually type on normal A4 paper. Is it OK for you?
4. Shall I call you when it's ready?
5. When are you holding a meeting?
6. Let me check the availability of our meeting rooms for tomorrow morning.
7. I'm afraid, no meeting room is available at the moment.
8. This room is for six people in maximum.
9. A slide projector is available for rent.
10. We can prepare a white board. It's free of charge.
11. How many volts is your computer for?

CHAPTER 7

コンシェルジュの英会話

コンシェルジュは「なんでも代理店」

••●••

　コンシェルジュ（Concierge）という言葉は日本では耳慣れないが、ヨーロッパのホテルでは伝統的な職種である。ルームキーがカード式のものとなる以前にはルームキーの管理をしていたので、かれらの制服の両襟には鍵のかたちをしたバッヂがつけられる。
　最近では、日本でも外資系のホテルなどでコンシェルジュデスク（Concierge Desk）をロビーに置くところが増えた。ただ、ホテルの従業員が旅行社やレストランや商店と契約をして独自の営利業務を行うことが難しい日本では、コンシェルジュの大切な仕事の1つである「各種予約・手配」が完全にはできないという

Concierge's Phrases

現実がある。

　コンシェルジュは、航空券（Air-ticket）や列車の切符（Train ticket）から、コンサートチケット（Concert ticket）、劇場のチケット（Theatre ticket）などゲストが希望する各種チケットをゲストに代わって購入する。

　120ページ【7－2】は交通機関のチケット、【7－3】はイベントのチケットを依頼されたときの会話である。実際、交通機関には1等、2等などの等級があり、切符にも種別に応じた適用条件がある。また劇場の座席にも、正面席（Stalls）、バルコニー席（Circle）、上層バルコニー席（Upper Circle）などの種類がある。さらに、イベントに関する情報はもとより、ときに難しい注文を出すゲストとのやりとりに十分対応できる幅広い知識がないと、この仕事はこなせない。

　ショッピングに関しての情報提供や商店の紹介もコンシェルジュの主要な仕事の1つだ。「あれが買いたい」というゲストの要望に、「あれ」がどういうもので、いくら位して、どこに行けば売っていて、と必要な情報が即座に頭に浮かばなければならない。ただ、【7－4】の様によくありそうな質問には、日常業務の中で自然と答が出来上がるだろうから心配は要らない。

　ホテル外のレストランの紹介【7－5】は、ホテル内レストランの種類が限られる場合、休業日がある場合、および（不名誉なことだが）評判がよくない場合にとくに必要性が増す。コンシェルジュは、ゲストの希望――料理の種類ばかりではない、味、値段、雰囲気、営業時間からアクセスまで――を最大限叶えるレストランを見つけられるだけの情報量を持っていることが望まれ

る。
　さらに、郵便切手の販売と郵便、小包などの投函手続きの代行もコンシェルジュの大切な仕事だ。【7－6】ゲストは、郵便局に自ら出向くことなく、24時間営業のコンシェルジュに依頼しておくだけで世界中に手紙や荷物を送ることができるという訳である。
　このように、旅行社、商店、レストラン、郵便局など様々な業者を代理してホテルの宿泊客相手に商売するコンシェルジュは、「なんでも代理店」と呼ぶのがふさわしいだろう。

••●••

7

Concierge's Phrases

劇場チケットの手配はコンシェルジュの仕事のひとつ

コンシェルジュの英会話

【7-1】
★ こんにちは。
☆ こんにちは。
★ お困りですか。
☆ はい、列車の時刻を調べていただけますか。
★ かしこまりました。どちらへお行きですか。
☆ 京都です、明朝行くつもりです。
★ 京都でしたら、列車は頻繁に［15分毎に］出ています。何時にお発ちですか。
☆ 8時頃です。
★ では、8時台の列車の出発時刻をお書きしましょう。（列車の時刻をメモして渡す）
☆ どうもご親切に。
★ どういたしまして。

【7-2】
☆ すみません。航空券［列車の切符］が欲しいんです。
★ かしこまりました。どちらへお行きですか。
☆ 福岡［名古屋］です。
★ いつ、ご出発になりますか。
☆ 9日の朝です。
★ 片道ですか、往復ですか。
☆ 往復です。12日に戻ります。
★ 切符はお客様おひとり分でよろしいですか。
☆ はい、1人です。
① ★ 航空会社はどちらがお好みですか。

Concierge's Phrases

 56

★ Good afternoon, madam [sir]!
☆ Good afternoon.
★ Can I help you?
☆ Yes. Could you check the train time for me?
★ Certainly. Where are you going, madam [sir]?
☆ I'm going to Kyoto tomorrow morning.
★ The train service is frequent [every 15 minutes] to Kyoto. At what time are you departing?
☆ Around 8 o'clock.
★ OK. I write the departure times of the trains between 8 and 9 for you.
☆ It's very kind of you.
★ Not at all.

 57

☆ Excuse me. I would like an air-ticket [train ticket].
★ Certainly. Where are you going, madam [sir]?
☆ I'm going to Fukuoka [Nagoya].
★ When are you departing?
☆ On 9th, in the morning.
★ Single or return?
☆ Return, please. I'm coming back on the 12th.
★ Is the ticket just for you?
☆ Yes, just for me, please.
① ★ Which carrier is your favourite?

☆ どこでも構いませんから、一番早い便を取ってください。

★ お帰りの便はどうなさいますか。
☆ 予約しないで結構です。
② ★ グリーン車と普通車どちらがよろしいですか。
☆ 普通車で結構です。
★ 座席の指定はご入用ですか。
☆ いいえ。
★ では、お名前とお部屋番号をお願いします。

☆ はい、バーバラ・キーン、710号室です。
★ では、切符のご用意ができましたら、ご連絡いたします。
☆ どうもありがとう。
★ どういたしまして。

【7−3】
☆ すみません。コンサートチケット［劇場のチケット／ラグビーのチケット］が欲しいんですが…。
★ はい。で、何をお聴き［ご覧］になりますか。
① ☆ ワンダ・ラムールです。
② ☆ 何かお勧めのものはありますか。
　★ いま「オペラ座の怪人」が上演中です。いいですよ。

☆ では、それにしましょう。
★ いつがご希望ですか。

Concierge's Phrases 7

☆ Any one. Can you book the earliest flight for me, please?
★ How about your returning flight?
☆ "Open" will be fine.
② ★ Would you prefer 1st class or standard?
☆ Standard class will be fine.
★ Would you like seat reservation?
☆ No.
★ OK. Could I have your name and room number, please?
☆ Yes, I'm Barbara Keane in Room 710.
★ All right. I will call you when your ticket is ready.
☆ Thank you so much.
★ You are welcome, Ms.Keane.

CD 58

☆ Excuse me. I would like a concert ticket [a theatre ticket / a rugby ticket]….
★ OK. What would you like to listen to [watch]?
① ☆ Wanda Lamour.
② ☆ What do you recommend?
　★ "The Phantom of the Opera" is now on. It's really good!
　☆ OK. I'll try it.
★ When would you like to go?

☆ 明晩、もし難しければ明後日の昼の部でも構いません。

★ チケットは何枚ご入用ですか。
☆ 2枚お願いします。
(以下ゲスト名・部屋番号の確認と手配後の連絡の説明は【7－2】と同じ）

【7－4】
☆ すみません。東京で一番大きいデパート［電気屋］を教えていただけますか。
① ★ 新宿の高島屋です。
　　☆ そこにはどうやって行ったらいいのですか。
　　★ タクシーが一番ご便利です。
② ★ 秋葉原にお行きになると、最大級の電気屋がいくつもあります。
☆ どうもありがとう。
★ どういたしまして。

【7－5】
☆ すみません。いい中華料理のレストランを教えてください。

★ 赤坂の山王飯店がいいでしょう。
☆ そこはこのホテルの近くですか。
★ タクシーで5分です。
☆ そこで予約を取っていただけますか。今晩のディナーです。

Concierge's Phrases

☆ Tomorrow evening. But, if it's difficult, matinee for the day after tomorrow will be fine.
★ How many tickets would you like?
☆ Two, please.

59

☆ Excuse me. Can you tell me the biggest department store [electrical appliance shop] in Tokyo, please?
① ★ "Takashimaya" in Shinjuku.
   ☆ How can I get to that store, please?
   ★ The best way is by taxi.
② ★ If you go to Akihabara, you can find some of the biggest shops.
☆ Thank you very much.
★ You are welcome, madam [sir].

60

☆ Excuse me. Could you suggest me a nice Chinese restaurant, please?
★ "Sanno Hanten" in Akasaka is very good.
☆ Is that restaurant near from this hotel?
★ Five minutes by taxi.
☆ Can you book a table there for me, please? Dinner for tonight.

★ かしこまりました。何名様ですか。
☆ 2名です。
★ お時間は。
☆ 8時にお願いします。
★ では、お名前とお部屋番号をいただけますか。
☆ はい、シャロン・メイヤー、514号室です。
★ かしこまりました。お取りしておきます。
☆ どうもありがとう。
★ どういたしまして。

【7−6】
☆ すみません。この葉書［封筒］を英国に送りたいのですが…。

★ かしこまりました。エアメールで110円です。
① ☆ では、これで。（お金を出す）
　　★ ありがとうございます。お出ししておきます。
　　☆ どうも。
② ☆ 私の部屋につけておいていただけますか。
　　★ では、お名前とお部屋番号をお願いします。
　　☆ はい、ロザリン・エバラードです。部屋は343号室です。
　　★ お出ししておきます。ありがとうございました。
　　☆ こちらこそ。

Concierge's Phrases　7

★ Certainly. For how many people?
☆ Two, please.
★ At what time?
☆ At eight, please.
★ OK. Could I have your name and room number, please?
☆ Yes, I'm Sharon Mayer in Room 514.
★ All right. I will book a table for you, Ms. Mayer.
☆ Thank you very much.
★ You are welcome.

61

☆ Excuse me. I would like to send this card [envelope] to U.K….
★ Certainly. It's ¥110 by air-mail.
① ☆ Yes. Here you are….
　★ Thank you. I will post it for you.
　☆ Thanks.
② ☆ Could you charge it to my room?
　★ OK. Can I have your name and room number, please?
　☆ Yes. My name is Rosalyn Everard. My room is 343.
　★ I'll post it, Ms.Everard. Thank you.
　☆ Thank you.

練　習　問　題

①　京都行きの列車は15分毎にあります。

②　何時にお発ちですか。

③　片道と往復のどちらがご入用ですか。

④　グリーン車と普通車のどちらがよろしいですか。

⑤　座席の指定は必要ですか。

⑥　切符のご用意ができましたら、ご連絡いたします。

⑦　いま「オセロ」が上演中です。

⑧　チケットは何枚ご入用ですか。

⑨　赤坂まではタクシーで5分です。

⑩　投函いたしておきます。

Concierge's Phrases 7

解 答 例

62

[1] The train to Kyoto departs every fifteen minutes.
[2] At what time are you departing?
[3] Would you like single or return?
[4] Would you prefer 1st class or standard?
[5] Do you need seat reservation?
[6] I will call you when your ticket is ready.
[7] "Othello" is now on.
[8] How many tickets would you like?
[9] It's five minutes by taxi to Akasaka.
[10] I will post it for you.

CHAPTER 8

ゲストリレーションズオフィサーの英会話

ゲストリレーションズオフィサーの仕事の相手は通常ＶＩＰ

●●●●●

　ゲストリレーションズオフィサー（Guest Relations Officer）も、コンシェルジュと同様、日本のホテルではなじみの薄い職種だろう。「ゲスト接遇係」と無理矢理和訳しても、この職種の実体からは離れていると思う。

　まず、ゲストリレーションズのスタッフは全員女性である。実は、私はゲストリレーションズの１スタッフとして働いた経験がある（美しい女性に囲まれて誠によい環境だった）が、これは非常にめずらしいケースだ。

　彼女らの仕事の相手は、通常 VIP（Very Important Person）と名のつくゲストである。VIPにも、大物政治家、企業のトップ、

Guest Relations Officer's Phrases

　著名人といろいろいるが、とにかくVIPとホテルが認めるゲストが快適な滞在を楽しめるように努めるのがゲストリレーションズオフィサーの仕事だ。
　具体的にいうと、VIP到着前の準備（良い客室の割当て、ギフトの手配など）、到着時の出迎えと客室への案内、滞在時の各種相談への対応、そして出発時の見送りといったところである。
　VIPを客室に案内する際のやりとりを、134ページ【8－1】に示した。ただVIPだからといって、普通のゲストとさほど変わったところはない。まず、客室に着くまでに、

- 玄関でドアマンが預かった荷物はどうなっているか（これはゲストの1番の心配の種である！）
- 朝食の取れる場所と時間
- その他、館内の主要な施設

といったことを説明する。
　なお、【8－1】の例文中の「コンチネンタル・ブレックファースト」（Continental Breakfast）とは、クロワッサン（Croissant）などのパンと各種オートミール（Cereal）に、コーヒー・紅茶およびジュースを添えた「ヨーロッパ大陸式軽朝食」である。これと対象的に、ハム・ベーコン・ソーセージと卵と野菜のなどのメイン料理にトースト、そして上記の品々まで加えた「英国式重朝食」をふつうEnglish Breakfastと呼ぶ。
　さて、客室に着いたらルームキーの使い方を、部屋の中に入ったら照明やエアコンのスイッチの場所や使い方を説明する。ゆっ

くり説明している時間がないときや、ゲストが早くひとり［ふたり♥］にしてという表情をしているときにはさっさと切り上げ（でも、差し出されたチップだけは丁重に頂き）、部屋を出る。

　ふつうは、全客室の電話にゲストリレーションズへの直通ダイヤルがある。何か困ったことがあるゲストは、VIPでなくともここに電話を掛けてくる。ゲストからの要望や苦情への対応もゲストリレーションズオフィサーの仕事である。

　【8－2】は、部屋を替えてほしいというゲストとのやりとりだ。ホテルが混み合っていなければすぐに替わりの部屋が見つかるかも知れないが、部屋探しに時間がかかりそうな場合は例文のようにいったん電話を切って折り返しこちらから連絡を入れる。仕事とは落ち着いてするものだ。

　【8－3】は、外部からの電話で宿泊予定のゲストの部屋にギフト（もちろん有料！）を手配してというリクエストへの対応である。これもゲストがVIPとは限らないが、通常ゲストリレーションズが窓口となる。

　ギフトの手配は、ギフトにつけるメッセージの文面など口頭で説明しづらい細かな内容に及ぶことも多く、ＦＡＸなどの視覚手段に頼るのが本当は賢明だ。ただし、それが難しい場合には、後でトラブルにならないよう丁寧に説明し、相手のはっきりした了解を取ることを心掛けて会話を進めるとよい。

●●●●●

8
Guest Relations Officer's Phrases

ゲストリレーションズオフィサーの英会話

【8－1】
（VIP を客室に案内する）
★ ウイリアムス様、私、ゲストリレーションズの堀江久美子と申します。はじめまして。
☆ はじめまして。
★ お部屋までご案内いたします。
☆ それはどうも。
（客室まで案内の途中）
★ お荷物はじきにポーターがお部屋までお届けします。

☆ そうですか。
★ 飛行機はいかがでしたか。
☆ ちょっと揺れましたが、概して快適でした。
★ それは結構でした…お部屋は7階にございます。「エグゼクティブフロア」です。
☆ どうも。
★ こちらのラウンジはいつでもお使いいただけます。飲物はすべて無料です。それから、コンチネンタル・ブレックファーストも7時から11時までここでお取りになれます。
☆ それはいいですね。
（客室の前に着いて）
★ キーはこの向きに差し込んでください。緑色のランプがつきましたら開けられます。
☆ わかりました。
★ さあ、どうぞ…。
（客室に入って）

Guest Relations Officer's Phrases

★ Mr. Williams, I am Kumiko Horie, Guest Relations. Nice to meet you.
☆ Hi. Nice to meet you, too.
★ Let me show you up to your room.
☆ Thank you.

★ Your luggage will be brought up to your room shortly by our porter.
☆ OK.
★ Did you have a nice flight?
☆ There was a little turbulence, but generally comfortable.
★ It's good…. Your room is on the 7th floor. It's "Executive Floor".
☆ Thank you.
★ You could use this lounge anytime. All the drinks are complimentary here. Also you could have Continental Breakfast here from seven to eleven.
☆ It's great!

★ Please insert your key this way. If the green light is on, you could open the door.
☆ All right.
★ Please, Mr. Williams….

★ フロアスタンドのスイッチはこちらです。バスルームはこちらにあります。
☆ そうですか。
★ それから、エアコンのスイッチはここにあります。お好きな温度をセットいただきますと、自動的に動きます。
☆ わかりました。
★ もし、他にご質問やご要望などございましたら、いつでもゲストリレーションズにお電話ください。
☆ そうします。(チップを渡す)
★ ありがとうございます。では、楽しいご滞在を…。

【8−2】☎
★ こんばんは。ゲストリレーションズ、石本でございます。

☆ こちら524号室のサイモン・ライトです。通りの交通で[工事で]部屋の騒音がひどいのですが、別の部屋に取り替えて貰えませんか。
★ さようですか。申し訳ありません。別のよいお部屋をお探ししてみますので、すこしお待ちいただけますか。折り返しお電話申します。
☆ わかりました、待っています。
★ どうも、では。
(別の部屋を見つける作業を終えて)
★ もしもし、ライト様、ゲストリレーションズ、石本でございます。
☆ もしもし。

Guest Relations Officer's Phrases

★ The switch for the floor lamp is here. The bathroom is here.
☆ OK.
★ And the switch for the air-conditioner is here. If you set a temperature as you like, it will automatically start.
☆ I understand.
★ If you have any questions or requests, please call Guest Relations at any time.
☆ Yes, I will….
★ Thank you so much. Have a wonderful stay!

64

★ Good evening. Guest Relations. Ms. Ishimoto speaking. May I help you?
☆ Yes, this is Simon Wright in Room 524. This room is very noisy due to the traffic outside [the construction]. Can you change my room to another one, please?
★ Right. I'm sorry for that. I try to find another nice room for you. Could you wait for a moment? I'll call you back, Mr. Wright.
☆ OK. I will wait.
★ Thank you. Bye.

★ Hallo, Mr. Wright. This is Ms. Ishimoto in Guest Relations.
☆ Hallo.

① ★ お待たせいたしました。同じ階の反対側によいお部屋を見つけました。
☆ それはありがとうございます。
★ すぐにお移りになれますか。
☆ はい、できます。
★ では、ポーターをお手伝いに伺わせます。新しいキーも持たせます。
☆ どうもありがとう。
★ どういたしまして。
② ★ あいにくお部屋が見つかりません。が、明日にはいいお部屋が見つけられます。

☆ では、明日移ります。
★ そうしましたら、明朝改めてご連絡いたします。おやすみなさい。

Guest Relations Officer's Phrases

① ★ I'm sorry to keep you waiting. I've just found a nice room on the opposite side on the same floor.
☆ Oh, thank you very much.
★ Could you move now?
☆ Yes, no problem.
★ OK. I'll send up a porter to help you. He will bring your new key.
☆ Thank you so much.
★ You are welcome.

② ★ I'm afraid I couldn't find another room for you at the moment. But, I will be able to find a nice one tomorrow.
☆ OK. Then I will move tomorrow.
★ Then, I will call you tomorrow morning. Good night, Mr. Wright!

【8−3】☎ ....

★ こんにちは。ゲストリレーションズ、吉川でございます。

☆ はい、こんにちは。私の友人がおたくに泊まることになっています。その人の部屋に花束［ワイン］を入れていただきたいんです。

★ では、その方のご予約から確認します。ご宿泊の方のお名前とご到着日をいただけますか。

☆ はい。ショーン・モリスさん、こんどの火曜日に到着です。

★ 確認します。（確認後）確かにショーン・モリスさんは10日のご到着です。で、花束にメッセージはおつけしますか。

☆ はい、「お誕生日おめでとう」にしてください。私の名前もつけてください。ポーラ・ホーズです。

★ ご予算はおいくらですか。

☆ 5千円です。

★ かしこまりました。それではクレジットカードの番号と有効期限をいただけますか。

☆ はい、0000 1111 2222 3333、有効期限は2001年12月です。

★ ファックス番号をいただけましたら、手配の確認書をお送りいたしますが。

☆ そうですか。番号は03-1234-5678です。

★ お電話番号もいただけますか。

☆ ファックスと同じです。

★ はい、ありがとうございました。

☆ こちらこそ。

Guest Relations Officer's Phrases

65

★ Good afternoon. Guest Relations. Ms. Yoshikawa speaking. May I help you?
☆ Yes, good afternoon. My friend is staying in your hotel. I would like you to put a bouquet [a bottle of wine] in his room.
★ Certainly. I confirm the booking of your client first. Could I have his name and the arrival date, please?
☆ Yes. Mr.Sean Morris. He is arriving next Tuesday.
★ Let me check.... Yes, Mr. Sean Morris is arriving on 10th. Would you like to put a message with the bouquet?
☆ Yes. "Happy birthday" will be fine. And my name, please. It's Paula Hawes.
★ How much is your budget, Ms. Hawes?
☆ ¥5,000, please.
★ Certainly. Could I have your credit card number and the expiry date, please?
☆ Yes, it's 0000 1111 2222 3333. The card expires in December, 2001.
★ If you give me your fax number, I'll send the confirmation of this arrangement.
☆ Fine. The number is 03-1234-5678.
★ Could I have your telephone number as well?
☆ It's same as the fax number.
★ OK. Thank you very much.
☆ Thank you!

練習問題

1. お部屋までご案内いたします。
2. お荷物はじきにポーターがお部屋までお届けします。
3. こちらのラウンジはいつでもお使いいただけます。
4. ここでは飲み物はすべて無料です。
5. もしご質問やご要望がありましたら、いつでもゲストリレーションズにお電話ください。
6. 楽しいご滞在を…。
7. ☎ 別のお部屋をお探ししてみます。
8. ☎ 折り返しお電話いたします。
9. ☎ 同じ階によいお部屋が見つかりました。
10. ☎ ポーターをご移動のお手伝いに伺わせます。
11. ☎ モリス様のご予約を確認します。
12. ☎ 花束にメッセージはお付けになりますか。
13. ☎ ご予算はおいくらですか。
14. ☎ ファックスで手配の確認書をお送りします。

Guest Relations Officer's Phrases

解 答 例

66

[1] Let me show you up to your room.
[2] Your luggage will be brought up to your room shortly by our porter.
[3] You could use this lounge anytime.
[4] All the drinks are complimentary here.
[5] If you have any questions or requests, please call Guest Relations at anytime.
[6] Have a wonderful stay!
[7] I try to find another room for you.
[8] I will call you back.
[9] I've just found a nice room on the same floor.
[10] I'll send up a porter to help you for moving.
[11] Let me check the reservation for Mr.Morris.
[12] Would you like to put a message with the bouquet?
[13] How much is your budget?
[14] I will send the confirmation of the arrangement by fax.

CHAPTER 9

デューティーマネージャーの英会話

デューティーマネージャーを日本語でいうと当直の接客マネージャー

•••••

　デューティーマネージャー（Duty Manager）——日本語でいうなら「当直の接客マネージャー」がピッタリ——は、フロントオフィスに属するマネージャーである。といいながら、その仕事の領域はフロントオフィスにとどまらない。
　コーヒーショップでお客同士が喧嘩していると聞けば仲裁に走り、キッチンで火災報知機が作動したと聞けば状況確認に飛んでいく、いわば「いつでも、どこでも、なんでも解決係」という仕事である。だから、彼らの勤務時間は24時間、通常は4人なり

Duty Manager's Phrases

　5人のマネージャーが交代で勤務にあたる。
　たとえば、第8章で述べたゲストリレーションズオフィサーも滞在中の宿泊客からの相談や要望や苦情を受けるが、その内容が厄介なものになるとデューティーマネージャーにそっくり引き継ぐ。したがって、デューティーマネージャーの扱う仕事に型通りのものは少ない、つまり変わったものが多いと考えてよい。
　ならば、「デューティーマネージャーの英会話」という本章の存在はナンセンスといえる。なんでも屋の彼らの会話におきまりのパターンなどないからだ。ただ、敢えて頻度の高そうなやりとりをと考えて、病人発生への対応【9－1】とゲストの持ち物の紛失【9－2】を例に挙げた。
　いずれも、ゲストにとっては緊急事態なので、決して馬鹿丁寧であってはならない。発生した事態にどう対処するかを明確に伝え、ゲストの不安を少しでも取り除くことが肝要だ。ただし、表現が直接的になるあまりゲストの心理を逆なでするような言葉が出るという事態だけは避けねばならない。
　なお、病気やけがでよく使う英語表現を本章の付録にまとめたので活用していただきたい。
　最後に、火災警報のテストに関するアナウンスの例文を【9－3】に示した。ホテルの館内でアナウンスという場面は、これ位（あとは、本当の火事とか…）しかない。

●●●●●

デューティーマネージャーの英会話

【9−1】☎
- ★ こんにちは。デューティーマネージャーデスクでございます。
- ☆ もしもし。助けていただきたいんです。私は妻と滞在中ですが、妻が昨晩から病気です。お医者さんを呼んでいただけませんか。
- ★ どんなご容体ですか。
- ☆ 熱があります。下痢もひどいんです。
- ★ お医者さんを呼びましょう。私もすぐお部屋にまいります。お部屋番号は…。
- ☆ 542です。
- ★ わかりました。では。

【9−2】
- ★ こんにちは。お困りですか。
- ☆ はい。けさ外に出掛けて、たった今帰ってきたところです。実は、部屋に残しておいたネックレスが見当たらないのに気がつきました。
- ★ わかりました。すぐに保安担当者とともにお部屋にお伺いします。お部屋番号をいただけますか。

- ☆ 210号室です。
- ★ では、すぐに。

【9−3】
(火災警報テストのアナウンス)
- ★ みなさま、こんにちは。まもなく火災警報のテストをさせていただきます。ご了承ください。

9

Duty Manager's Phrases

67

★ Good afternoon. Duty Manager Desk. May I help you?
☆ Yes, I need your help. I am staying with my wife. And she has been sick since last night. Can you call a doctor for her, please?
★ How is your wife, sir?
☆ She has a fever. Also she has bad diarrhea.
★ OK. I'll call a doctor. And I go up to your room now. Your room number is….
☆ 542.
★ All right, sir. Bye.

68

★ Good afternoon. May I help you, madam [sir]?
☆ Yes. I was out this morning, and I have just come back. Then I found that my necklace left in my room was missing.
★ All right, madam. I'll go up to your room with our Security Officer right away. Could I have your room number, please?
☆ It's 210.
★ OK. Bye.

69

★ Good afternoon, ladies and gentlemen. The fire alarm will be tested shortly. Thank you for your co-operation.

付録 病気やけがの英語表現

　デューティーマネージャーが急病やけがを負ったゲストを前にすべきことは、医者や救急車を呼ぶかどうかの判断（ときに応急手当も）である。通報の際には専門家に患者の容体を正確に伝えることが最も重要だ。
　そこで、以下に病気やけがを説明する日常的な表現をまとめておく。医療の専門用語には極力頼らず、欧米人なら誰でもわかる平易な英語を用いるよう心掛けた。ここにまとめた単語やフレーズを使って、助けを求めるゲストとの意思疎通をスムーズに行うことができれば目標達成である。
　なお以下の構成は、「ドコがドウシタ」（たとえば「歯が痛む」）の「ドコ」に相当する体の部位と臓器の名前を先にとり上げ、後で「ドウシタ」に相当する症状の説明からフレーズを組み立てるものとした。

● 体の部位の表現 ●

頭	head	額	forehead
脳天	crown	後頭部	back of head
顔	face	目	eyes
耳	ears	鼻	nose
頬	cheeks	口	mouth
唇	lips	歯	teeth
舌	tongue	のど	throat
あご（全体）	jaw	あご（先端）	chin

Duty Manager's Phrases

首　neck	肩　shoulders
腕　arms	ひじ　elbows
手首　wrists	手　hands
手のひら　palms	親指　thumbs
指（親指以外）　fingers	胸（男性）　chest
乳房（女性）　breast	腹　stomach
性器　sexual organ	背　back
腰（ウエスト）　waist	腰（尻の横部）　hip
尻　buttocks	肛門　anus
足（脚部）　legs	
足（手に相当する部分）　feet	
ひざ　knees	くるぶし　ankles
かかと　heels	（足の）指　toes

● 臓器の表現 ●

肺　lung	心臓　heart
胃　stomach	腸　intestines
肝臓　liver	腎臓　kidney
膀胱　bladder	血管　(blood) vessel
神経　nerve	

● 症状の表現 ●

《痛い》
- 頭痛［腹痛／歯痛］がします。
- 私はここが［右脚が］激しく［きりきりと］痛みます。
- 皮膚がひりひり［ちくちく］します。

《しびれる》
- 手がときどきしびれます。

《かゆい》
- 私は背中がかゆい。

《熱がある》
- すこし［かなり］熱があります。

《だるい》
- 今日は体がだるい。

《めまいがする》
- めまいがします。

- I have a headache [stomachache / toothache].
- I have a strong [sharp] pain here [in my right leg].
- My skin smarts [prickles].

- My hands are sometimes numb.

- I feel itchy in my back. / My back itches.

- I have a slight [high] fever.

- I feel weak today.

- I feel dizzy.

Duty Manager's Phrases

《動悸がする／心臓発作が起きる》
☐動悸がします。　　　　　　　　☐My heart beats faster. / I suffer from heart palpitations.

☐ときどき心臓発作が起きます。　☐I sometimes have heart attacks.

《食欲がない》
☐食欲がありません。　　　　　　☐I have a poor appetite.

《胸焼けがする》
☐胸焼けがします。　　　　　　　☐I have heartburn.

《吐き気がする／吐く》
☐吐き気がします。　　　　　　　☐I have nausea.
☐今、吐きました。　　　　　　　☐I have vomited just now.

《下痢する》
☐下痢しています。　　　　　　　☐I have loose bowels. / I suffer from diarrhea.

《便秘する》
☐便秘しています。　　　　　　　☐I am constipated. / I suffer from constipation.

《鼻水が出る》
☐鼻水が出ます。　　　　　　　　☐I have a runny nose.

《くしゃみが出る》
☐くしゃみがよく出ます。　　　　☐I frequently sneeze.

練習問題

1. ☎ 奥様はどんなご容体ですか。
2. ☎ 奥様は熱がおありですか。
3. ☎ 奥様はご妊娠中ですか。
4. ☎ お医者さんをお呼びします。
5. お困りですか。
6. すぐに保安担当者とともにお部屋にお伺いします。
7. （アナウンス）まもなく火災警報のテストをさせていただきます。ご了承ください。

Duty Manager's Phrases

解 答 例

71

(1) How is your wife?

(2) Does your wife have a fever?

(3) Is your wife pregnant?

(4) I'll call a doctor for her.

(5) May I help you, madam [sir]?

(6) I'll go up to your room with our Security Officer right away.

(7) The fire alarm will be tested shortly. Thank you for your co-operation.

CHAPTER 10

ハウスキーパー・メイドの英会話

ハウスキーパーはベッドメイキングし、メイドはターンダウンする

●●●●●

　イントロダクションに書いた通り、ハウスキーパー（House Keeper）は客室・館内の「清掃」（Cleaning）のプロフェッショナル、メイド（Maid）は「お休み支度」（Turning Down）のプロフェッショナルである。制服が全然違うが、素人目には区別がつきにくい。
　ただし、ハウスキーパーは午前遅くから午後にかけて作業を行うが、メイドは仕事柄その作業時間が夕刻以降となる。実際、ハウスキーパーが部屋の清掃を終え、きちんとベッドメイキング（Bed-making）をした後でないとメイドの作業ははかどらない。
　ハウスキーパーは客室の清掃に、メイドはターンダウンに客室

House Keeper or Maid's Phrases

を訪問する。【10-1】はその際のやりとりである。ドアごしに素性を名乗り、もしゲストが中にいれば例文のようなやりとりをする。が、誰もいなければマスターキー（Master Key）で部屋の中に入り作業にとりかかる。

　ゲストからの備品の追加注文への対応もハウスキーピングの仕事である【10-2】【10-3】。バスルームに備えられるものとしては、例文中のタオル（Towel）やシャンプー（Shampoo）、トイレットペーパー（Toilet Paper）の他、石鹸（Soap）、リンス（Rinse）、バスジェル（Bath Gel）、シャワーキャップ（Shower Cap）などがある。

　ちなみに、歯ブラシ（Tooth Brush）、歯みがき（Tooth Paste）、ひげそり（Razor）はヨーロッパのホテルの客室には置かれないのがふつうだ。これらは、旅行のときには洗面具として持ち歩かれるものだからである。

　ところで、本来、ゲストが不在の客室で黙々と仕事をするのがハウスキーパーやメイドなので、彼女らがゲストと業務上の会話をする機会はそう頻繁にはない。ただし、客室階の廊下には必ず彼女らの姿があるので、清掃やターンダウン以外の用件でもついついゲストに呼び止められることとなる。【10-4】こういったケーススタディーが、実はホテルのサービスの本質に関わるものなのかも知れない。

●●●●●

ハウスキーパー・メイドの英会話

【10－1】
(清掃・ターンダウンのため客室を訪問する場合)
★ (ドアごしに) ハウスキーピング［メイド］でございます。
☆ はい。(ドアを開ける)
★ お部屋の清掃［お休みの支度］をさせていただきたいのですが…。
① ☆ いいですよ、どうぞ入ってください。
　　★ ありがとうございます。(作業開始)
② ☆ もうじき、出掛けるところです［今とりこんでいます］。あと10分待っていただけますか。
　　★ かしこまりました。では、後ほどまいります。

【10－2】☎
★ こんにちは。ハウスキーピング、高樹でございます。

☆ こんにちは。お願いがあります。タオル［シャンプー］がもう1つ欲しいんです。
★ かしこまりました。お部屋の番号は…。
☆ 625です。
★ では、すぐに担当を伺わせます。
☆ ありがとうございます。
★ どういたしまして。

House Keeper or Maid's Phrases

🔘 72

★ House keeping [Maid]!
☆ Yes.
★ May I clean your room [May I turn-down]?

① ☆ Yes, you may. Please come in!
　★ Thank you, madam [sir].
② ☆ I'm leaving here soon [I'm very busy inside]. Can you wait for 10 minutes, please?
　★ Certainly. I will come back later.

🔘 73

★ Good afternoon. House Keeping. Ms. Takagi speaking. May I help you?
☆ Good afternoon. Could you do me a favour? Could I have another towel [shampoo], please?
★ Certainly. You room number is….
☆ 625.
★ OK. I'll send someone to your room right away.
☆ Thank you so much.
★ You are welcome.

【10−3】☎
★ こんにちは。ハウスキーピングでございます。
☆ はい。こちら423号室です。トイレットペーパーがなくなりました。補充していただけますか。
★ かしこまりました。すぐ担当を伺わせます。
☆ どうも。
★ どういたしまして。

【10−4】
(廊下でゲストに呼び止められて…)
☆ すみません。スタンドの電球が切れているんです。取り替えていただけますか。
★ では、担当をお呼びします。お部屋でお待ちください。

☆ どうもありがとう。
★ どういたしまして。

House Keeper or Maid's Phrases

CD 74

★ Good afternoon. House Keeping. May I help you?
☆ Yes, please. This is Room 423. Toilet paper is run out. Can I have another roll, please?
★ Certainly. I will send someone right away.
☆ Thank you.
★ Not at all.

CD 75

☆ Excuse me. A bulb of a desk lamp is burnt. Could you change it, please?
★ All right, madam [sir]. I'll call an engineer for you. Please wait in your room.
☆ Thank you.
★ You are welcome.

練習問題

[1] お部屋の清掃をさせていただきたいのですが…。
[2] お休みの支度をさせていただきたいのですが…。
[3] 後ほどまいります。
[4] ☎ あいにくバスジェルのご用意はありません。
[5] ☎ タオルとバスタオルのどちらがご入用ですか。
[6] ☎ お部屋番号をいただけますか。
[7] ☎ すぐ担当を伺わせます。お部屋でお待ちください。

House Keeper or Maid's Phrases

解 答 例

76

[1] May I clean your room?

[2] May I turn-down?

[3] I will come back later.

[4] We don't have bath gel, I'm afraid.

[5] Would you like a towel or a bath towel?

[6] Could I have your room number, please?

[7] I'll send someone right away. Please wait in your room.

CHAPTER 11

ランドリー係・バレットの英会話

ランドリーで洗濯されるのはワイシャツからパジャマまで様々

●●●●●

　ランドリー（Laundry 洗濯屋）という名のこのセクションは、Washing（水洗い）、Dry-cleaning（ドライクリーニング）、Pressing（プレス）といった各種サービスを宿泊客に提供する。さらに、業務用の制服やリネン類の洗濯もここが行う。
　ランドリーのサービスを希望する宿泊客は、滞在期間の限られたホテルという特定の場所ゆえに「洗濯物がいつ仕上がるか」が一番気になるはずだ。したがって、ゲストからの電話での注文【11−1】や照会【11−2】に対しては、出来上がりのタイミングを明確に答える必要がある。さもなくば、後で大トラブルということになりかねない。

Laundry staff or Valet's Phrases

　注文があったら、バレット（Valet 洗濯物の回収・配達係）をゲストの部屋に向かわせる。【11 − 3】はバレットのゲストとの会話である。型通りのやりとりで、難しいことは何もない。
　難しいのは、やはりゲストからの苦情の処理である【11 − 4】。実際、ランドリー係の扱う洗濯物はポーターの扱う荷物と同様に口を利かないので、誤って別のゲストの部屋に配達されるという事態は容易に起こりうる。
　その場合は、自分の出した衣服がなかなか配達されず「じれた」ゲストに事の顛末をきちんと説明しつつ丁重に詫びをいうことがまず基本である。あとは、サービス業に従事するものとしてゲストを必要以上にエキサイトさせない技量が問われるところだ。

・・●・・

ランドリー係・バレットの英会話

【11-1】☎
★ おはようございます。ランドリー、菅谷でございます。

☆ はい。おはようございます。洗濯を［ドライクリーニングを／プレスを］お願いしたいものがあります。
★ では、担当が今お部屋まで取りに上がります。お部屋番号をいただけますか。
☆ はい、814号室です。で、仕上がりはいつになりますか。
★ ① 今日の夕刻にはお返しします。
　② 明日午後の仕上がりです。ただし、「急行」とご用命になりますと今日中に仕上げさせていただきます。
　③ 明日が日曜日ですので、お戻しは月曜日の午後となります。

☆ わかりました。では。
★ 失礼します。

【11-2】☎
★ こんにちは。ランドリーでございます。
☆ はい。お尋ねですが、ワイシャツのドライクリーニングの同日仕上げはできますか。
★ はい、いたしております。ただ、同日仕げのシャツは10時までにお出しいただかねばなりません。
☆ わかりました。ありがとう。
★ どういたしまして。

Laundry staff or Valet's Phrases

🔘 77

★ Good morning. Laundry. Ms. Sugaya speaking. May I help you?
☆ Yes. Good morning. I have something to be washed [dry-cleaned / pressed].
★ OK. I'll send someone to pick it up, madam [sir]. Could I have your room number, please?
☆ Yes, it's 814. When will it be ready, please?
★ ① It will be returned this evening.
② It will be returned tomorrow afternoon. But, if you order "Express service", we will finish it within today.
③ As tomorrow is Sunday, it will be returned Monday afternoon.
☆ All right. Bye.
★ Bye.

🔘 78

★ Good afternoon. Laundry. May I help you?
☆ Yes. I have a question. Is same day service available for dry-cleaning of a shirt?
★ Yes, it's available. But, for the same day service, your shirt must be collected by 10 am.
☆ I understand. Thank you.
★ You are welcome.

【11－3】
(洗濯物の回収に客室を訪問する)
★ (ドアごしに) ランドリーでございます。
☆ はい、ちょっと待ってください。(ドアを開ける)
★ おはようございます。
☆ おはようございます。これを持っていって貰えますか。
★ ワイシャツ2枚とズボン1本ですね。かしこまりました。
 (注文票の1片を渡し) これはお持ちください。
☆ ありがとう。
★ どういたしまして。

Laundry staff or Valet's Phrases

79

★ Laundry!
☆ Yes, hold on….
★ Good morning, madam [sir]!
☆ Good morning. Can you pick these up, please?
★ Two shirts and a pair of trousers. All right, madam [sir]. Please keep this copy.
☆ Thanks.
★ You are welcome.

【11-4】☎

★ こんにちは。ランドリー、田鍋でございます。

☆ はい。実は、おとといブラウスのドライクリーニングをお願いしたんですが、まだ届いていません。
★ お名前とお部屋番号をいただけますか。
☆ はい、アニータ・シャーマです。部屋番号は342です。
★ お調べします。確認後折り返しお電話させていただきます。
(確認後)
★ もしもし、シャーマ様、ランドリー田鍋でございます。
☆ もしもし。
★ お尋ねのブラウスですが、恐縮ながら間違って別のお客様のところへ配達されました。誠に申し訳ありません。
☆ なんてこと…。
★ ブラウスはできる限り早く見つけ、お手元に戻るように係員を向かわせます。
☆ そうしてください！
★ 深くお詫びします。
☆ わかりました。では。
★ 失礼します。

Laundry staff or Valet's Phrases   11

🎧 80

★ Good afternoon. Laundry. Ms. Tanabe speaking. May I help you?
☆ Yes, please. I ordered dry-cleaning of my blouse the day before yesterday. But, I haven't received it yet,
★ Could I have your name and room number, please?
☆ Yes, Ms. Anita Sharma. My room number is 342.
★ Let me check for you. Then I'll call you back.

★ Hallo, Ms. Sharma. This is Tanabe in Laundry.
☆ Hallo.
★ I'm afraid your blouse was delivered to another guest by mistake. I'm so sorry for that.
☆ Oh, no!
★ I'll send someone to find your blouse and return it to you as soon as possible.
☆ Please!
★ We deeply apologise, Ms. Sharma.
☆ OK. Bye.
★ Bye.

付録 衣類の英語表現

ここで、主な衣服の英語表現を整理しておく。洋服という名の示すごとく、衣服は欧米からの輸入スタイルが幅を利かせている。しかし、もとの英語から意味が離れた外来語や和製英語などには気をつけなければならない。

● 紳士服、紳士小物 ●

ワイシャツ　shirt　　スーツ　suit
三つ揃い three-piece suit
ズボン　trousers　　ブレザー　blazer
コート　overcoat / coat
レインコート　rain coat
ネクタイ　tie　　　　ハンカチ　handkerchief

● 婦人服、婦人小物 ●

ブラウス　blouse　　スカート　skirt
キュロットスカート　culottes
ジャケット／ブレザー　jacket
ワンピース　through dress
ツーピース　two piece suit
コート　coat　　　　レインコート　rain coat
ハンカチ　handkerchief　　スカーフ　scarf

Laundry staff or Valet's Phrases

● カジュアルウェアー（紳士・婦人）●

Tシャツ　T-shirt　　　　ズボン　trousers
Gパン　jeans　　　　　　短パン　shorts
スポーツシャツ　sport shirt
セーター　sweater / jumper
トレーナー　sweat shirt
カーディガン　cardigan　　ジャンパー　jacket
ダウンジャケット　down jacket
ガウン　(dressing) gown

● 下着、靴下（紳士・婦人）●

パンツ　pants　　　　　　アンダーシャツ　vest
パンティ　pants / brief　　ブラジャー　bra
スリップ　chemise / full slip
靴下　socks　　　　　　　ストッキング　stockings

練 習 問 題

1. ☎ 担当が今お部屋までズボンを取りに上がります。

2. ☎ 明日が日曜ですので、お戻しは月曜日の午後となります。

3. ☎ 同日仕上げのワイシャツは10時までにお出しいただかなければなりません。

4. 洗濯ものをお預かりにまいりました。

5. ☎ お調べします。確認後折り返しお電話させていただきます。

6. ☎ お客様のブラウスは間違って別のお客様のところへ配達されました。

Laundry staff or Valet's Phrases

解 答 例

81

1. I'll send somebody to your room now to pick up your trousers.
2. As tomorrow is Sunday, it will be returned Monday afternoon.
3. For the same day service, your shirt must be collected by 10 am.
4. I come here to pick up your laundry.
5. Let me check for you. Then I'll call you back.
6. Your blouse was delivered to another guest by mistake.

CHAPTER 12
エンジニアの英会話

テレビが故障したらエンジニアの出番

・・●・・

　エンジニア（Engineer）はまさに裏方の仕事で、ゲストの前に出たり、ましてやゲストと会話を交わすことは非常にまれだ。したがって本章の例文もただ1つ、客室内の設備に問題が発生したゲストからの苦情への対応という場面のやりとりである。

Engineer's Phrases

　ただし、問題の発生のしかたはいろいろのはずで、【12－1】にも①から⑥までの6パターンを例示した。これ以外にも、たとえば「バスルームの天井燈がつきません」(The ceiling light in the bathroom doesn't work.)、「目覚まし時計が壊れています」(The alarm clock is out of order.) など様々な状況が考えられる。

　エンジニアという職業柄、機械や設備に関する専門知識はあるだろうが、ゲストの抱える問題が何であるかを判断するにはかなりのボキャブラリーが要求されるはずだ。とはいえ、ゲストが的確かつ明解な状況説明をしてくれる保障はどこにもなく、最終的にはゲストの部屋を訪問するエンジニアの「現場検証」に頼らざるを得ないというのが現実だろう。

　なお現場検証にあたるエンジニアのゲストとのやりとりは、ドアごしに "Engineering!" と声をかけるくらいは毎度同じでも、部屋に入ってからはそれこそ状況次第、パターン分けして例示することなど考えない方がよい。

・・●・・

エンジニアの英会話

【12-1】☎

★ こんにちは。エンジニア、伊藤でございます。

☆ こんにちは。実は、
  ① ドライヤー［テレビのリモコン］が働きません。
  ② テレビがうまく映りません。
  ③ エアコン［冷蔵庫］の音がとても耳障りです。
  ④ デスクスタンド［フロアースタンド］の電球が切れています。
  ⑤ バスタブ［ビデ］の水が排水口からうまく流れません。

  ⑥ トイレの水が把手を引いても流れません。
★ では、すぐ係員を伺わせます。お部屋番号をいただけますか。

☆ はい、578号室です。
★ かしこまりました。では。

12

Engineer's Phrases

82

★ Good afternoon. Engineering. Mr. Ito speaking. May I help you?
☆ Yes. Good afternoon....
　① The hair dryer [remote control of the TV] doesn't work.
　② The TV doesn't give a good picture.
　③ The air-conditioner [refrig] is very noisy.
　④ The bulb of the desk lamp [floor lamp] is burnt.

　⑤ Water in the bath [bidet] doesn't flow well from the drain.
　⑥ The toilet doesn't flush.
★ All right, madam [sir]. I'll send an engineer right away. Could I have your room number, please?
☆ Yes, it's 578.
★ OK. Bye.

練習問題

1. ☎ ドライヤーが働かないのですね。
2. ☎ テレビのリモコンが働かないのですね。
3. ☎ テレビの画像がよくないのですね。
4. ☎ エアコンの音がうるさいのですね。
5. ☎ デスクスタンドの電球が切れているのですね。
6. ☎ バスタブの水が排水口からうまく流れないのですね。
7. ☎ トイレの水が流れないのですね。
8. ☎ すぐ係員をお部屋に向かわせます。

Engineer's Phrases 12

解 答 例

83

[1] The hair-dryer doesn't work, does it?

[2] The remote control of the TV doesn't work, does it?

[3] The TV doesn't give a good picture, does it?

[4] The air-conditioner is noisy, isn't it?

[5] The bulb of the desk lamp is burnt, isn't it?

[6] Water in the bath doesn't flow well from the drain, does it?

[7] The toilet doesn't flush, does it?

[8] I'll send an engineer to your room right away.

CHAPTER 13

レストランスタッフの英会話

ウェイター、ウェイトレスはレストランの顔

　レストランスタッフとひと口に言うが、たとえばスチュワード（Steward 食器洗浄係）がゲストと会話をすることは皆無である。シェフ（Chef）も全くないとはいわないが、その機会は極めて少ない。したがって、ここでいうレストランスタッフとは、ウェイター（Waiter）、ウェイトレス（Waitress）をはじめとする接客スタッフと考えていただきたい。
　ホテル内のレストランでは、テーブルの予約を受けることはよくある。【13－1】では、予約を引き受けるという一般的な場合しか示していないが、もし断わるときは "I'm afraid we are fully booked tonight."（あいにく今夜は予約で満席でございます）

Restaurant staff's Phrases

などと丁寧に説明すればよい。
　さて、日本人にくらべると欧米人ははるかに食事に時間をかけ、また食事中の会話を楽しむ。誕生日や様々な記念日のディナーは特別だ。【13－2】のようなバースデーケーキのリクエストも決してめずらしいことではない。そして、ケーキをサービスするときには何人ものスタッフがテーブルを囲み、ハッピーバースデーの歌を合唱するのが欧米式のやり方だ。
　欧米人の食事の楽しみは内輪だけの会話だけで終わらない。ときにレストランのスタッフも交えて冗談が飛び交い、会話がはずむ。【13－3】以下に例示したやりとりはあくまで会話の基本部分、これに付帯する自由なやりとりがレストランスタッフの「味」であることをくれぐれもお忘れなく…。
　さて、ここで、コース料理の注文をきく際に欠かせない基本的な用語を整理しておく。

　　先付　Small Surprise ／ 前菜　Appetizer ／ パン　Bread
　　スープ　Soup ／ メインコース　Main Course
　　魚料理　Fish ／ 肉料理　Meat ／ 鳥料理　Poultry
　　（口直しの）シャーベット　Sorbet ／ チーズ　Cheese
　　デザート　Dessert ／ コーヒー　Coffee ／ 紅茶　Tea
　　プチフール　Petit Four

なお、poultry のさす「鳥」には、鶏（Chicken）だけでなく七面鳥（Turkey）、鴨（Duck）、鳩（Pigeon）など、あらゆる食用の鳥類が含まれる。

••••

レストランスタッフの英会話

【13－1】☎

★ こんばんは。レストラン「シャトー」でございます。

☆ はい、こんばんは。ディナーのテーブルの予約をしたいんです。
★ かしこまりました。で、いつのご予約で…。
☆ 今晩、7時でお願いします。
★ 少々お待ちください…何名様でいらっしゃいますか。
☆ ふたりです。
★ 喫煙と禁煙はどうなさいますか。
☆ 禁煙でお願いします。
★ はい、テーブルをお取りできます。それでは、お名前と電話番号をいただけますか。
☆ ① 名前はジャッキー・ジョージです。882号室にいます。
　② 名前はジャッキー・ジョージです。電話番号は7654-3210です。
★ ジョージ様、ご予約ありがとうございました。では、今晩…。

13

Restaurant staff's Phrases

84

★ Good evening. Restaurant "Le chateau". May I help you?
☆ Yes, good evening. I would like to reserve a table for dinner.
★ Certainly. For when, madam [sir]?
☆ Tonight at 7 o'clock, please.
★ Just a moment… How many people, please?
☆ Two.
★ Smoking or non-smoking?
☆ Non-smoking, please.
★ Yes, we can reserve a table for you. Could I have your name and telephone number, please?
☆ ① My name is Jacqui George. I'm in Room 882.
   ② My name is Jacqui George. My phone number is 7654-3210.
★ Thank you for your reservation, Ms. George. See you tonight.

【13－2】☎
★ こんにちは。「コーヒーショップ」でございます。
☆ こんにちは。ちょっと、お尋ねします。明日は私の家内の誕生日です。おたくで小さいバースデーケーキを作って貰うことはできますか。
★ はい、ご用意できます。
☆ それはいい。では、また電話します。
★ もし、明晩バースデーケーキがご入用でしたら、今日中にご予約ください。
☆ わかりました。どうもありがとう。
★ どういたしまして。

【13－3】
（レストラン入口でゲストを出迎える）
★ いらっしゃいませ。
① ☆ こんばんは。フックスの名で予約をしてあります。

　★ はい、フックス様、お待ちしておりました。こちらへどうぞ。
② ☆ こんばんは。3人です。
　★ はい。お煙草はお吸いですか。
　☆ いいえ、吸いません。
　★ さようですか。では、こちらへどうぞ。

Restaurant staff's Phrases 13

85

★ Good afternoon. "Coffee Shop". May I help you?
☆ Good afternoon. This is just an inquiry. Tomorrow is my wife's birthday. Is it possible for you to make a small birthday cake in your restaurant?
★ Yes, we can prepare it.
☆ It's great. I will call you back.
★ If you would like a birthday cake tomorrow night, please book within today.
☆ All right. Thanks so much.
★ You are welcome.

86

★ Good evening, madam [sir]!
① ☆ Good evening. I have a reservation for the name of Mr. Fuchs.
　★ Yes, Mr. Fuchs. We reserve a nice table for you. This way, please.
② ☆ Good evening. Three people, please.
　★ Yes, madam [sir]. Do you smoke?
　☆ No, we don't smoke.
　★ All right. This way, please.

185

【13－4】
(テーブルについたゲストから飲み物の注文をとる)
★ いらっしゃいませ。
☆ こんばんは。
★ (ワインリストを示し)ワインリストでございます。食前酒に何かいかがですか。
① ☆ シャンペンを貰いましょう。ハウスシャンペンをグラスでお願いできますか。
　　★ かしこまりました。
② ☆ 白ワインをまずお願いします。この3つの中で一番辛口なのはどれでしょう。
　　★ 「シャブリ」でございます。
　　☆ ではそれをハーフボトルで。
　　★ かしこまりました。

【13－5】
(料理の注文をとる際、ゲストの質問を受ける場面)
★ ご注文はお決まりですか。
① ☆ すみません、これを英語で説明していただけますか。
　　★ はい、牛肉のカツレツでございます。
　　☆ なるほど。
② ☆ 今日はどれがおすすめですか。
　　★ 個人的には「鴨のロースト」がおすすめです。とてもおいしいですよ。
　　☆ じゃ、それにするわ。

Restaurant staff's Phrases

★ Good evening, madam [sir]!
☆ Good evening.
★ This is our wine list. Would you like something for your aperitif?
① ☆ Champagne, please. Could we have House Champagne by glass?
★ Certainly.
② ☆ White wine first, please. Which is the driest among these three?
★ It's "Chablis", madam [sir].
☆ OK. Could we have a half bottle of that, please?
★ Certainly.

★ Are your ready to order, madam [sir]?
① ☆ Can you explain this in English, please?
★ Yes, it's bread-crumbed pan-fried beef, madam [sir].
☆ I see.
② ☆ What do you recommend today?
★ I personally recommend "Roast Duck". It's really nice!
☆ OK. I'll take it.

【13-6】
☆ すみません。20分前に頼んだエスプレッソがまだ来ません。

★ それは申し訳ありません。すぐお持ちします。

【13-7】
☆ すみません。お勘定をお願いします。
★ かしこまりました。
(勘定書きを持ってきて)
★ こちらでございます。お支払いはいかがなさいますか。
① ☆ (クレジットカードを示し)これでお願いします。
　　★ かしこまりました。
　　(セールススリップを持ってきて)
　　★ こちらにご署名をお願いします。(サイン確認後)控えとカードでございます。ありがとうございました。
② ☆ 現金でお払いします。(現金を渡し)これで…。
　　★ 少々お待ちください。
　　(おつりを持ってきて)
　　★ おつりとレシートでございます。

☆ 楽しい食事でした。(チップを渡し)ありがとう。
★ これは恐れ入ります。

Restaurant staff's Phrases

☆ Excuse me! I ordered Espresso 20 minutes ago, but it has not come yet.
★ Oh, I'm so sorry, madam [sir]. I'll bring it to you now.

☆ Excuse me. Could I have the bill, please?
★ Certainly.

★ Here you are. How would you like to pay, madam [sir]?
① ☆ By this card, please.
   ★ Certainly.

   ★ Can you sign here, please?…Your copy and the card, madam [sir]. Thank you very much.
② ☆ By cash, please…. Here it is….
   ★ Hold on a moment, please.

   ★ Your change and the receipt, madam [sir]. Thank you very much.
☆ I really enjoyed…. Thank you!
★ Oh, thank you so much, madam [sir].

練 習 問 題

1. ☎ テーブルをお取りいたしましょうか。
2. お煙草はお吸いですか。
3. こちらへどうぞ。
4. 食前酒に何かいかがですか。
5. ご注文はお決まりですか。

6. 本日のおすすめは「ローストビーフ」でございます。

7. フレンチフライはお付けしますか。
8. ステーキの焼き加減はいかがいたしますか。
9. コーヒーはレギュラーとエスプレッソがございます。
10. デザートはいかがですか。
11. お支払はいかがなさいますか。

Restaurant staff's Phrases 13

解 答 例

🎧 91

1. Would you like to book a table?
2. Do you smoke, madam [sir] ?
3. This way, please!
4. Would you like something for aperitif?
5. Are you ready to order, madam [sir] ?
   または May I take your order?
6. Today's special is "Roast Beef".
   または We recommend "Roast Beef" today.
7. With French fries, sir [madam]?
8. How would you like your steak?
9. We have regular coffee and Espresso.
10. Would you like dessert?
11. How would you like to pay?

CHAPTER 14

バーテンダーの英会話

ホテルでいちばん落ち着いて酒が飲めるのがバー

・・●・・

　バーテンダー（Bartender）は米語で、英語ではBarmanという。日本のホテルは戦後とくに米国の影響を強く受けているので、アメリカ英語が輸入され使われていることが多い。ベルボーイ（Bell Boy　英語ではLuggage Porter）、インフォメーションデスク（Information Desk　英語ではConcierge Desk）、バスタブ（Bathtub　英語ではBath）、クローゼット（Closet　英語ではCupboard）などがよい例である。
　さて、ホテルのバーのよいところは、遅い時間でも落ち着いて酒が飲めることだ。特に日本のように（地方都市にとりわけこの傾向が強いが）飲食店の開・閉店時刻が非常に早い国では、夜中

Barman's Phrases

　まで落ち着いてアルコールが飲めるホテルのバーの存在価値は極めて大きい。【14 − 1】は、その閉店時刻の照会への対応例だ。
　ところで、Barmanの仕事は、もちろん酒を作り（密造することではない、念のため）ゲストに振舞う（タダで飲ませることではない、念のため）ことである。しかし、ただ酒を出していたのではお客は離れていってしまう。この仕事もレストランの接客スタッフと同じで、いかにゲストと楽しい会話ができるかが重要なポイントとなる。
　したがって、前章と同様に、【14 − 2】以後に例示したゲストとのやりとりはあくまで会話の「ベース」と認識し、これを個性豊かな「カクテル」に仕上げることがバーテンダーの使命と考えていただくとよい。バーテンダーは、飲み物だけでなく、愉快なひとときも作るのだ。

・・●・・

バーテンダーの英会話

【14-1】 ☎
- ★ こんばんは。「スターライト・バー」でございます。
- ☆ こんばんは。ちょっとお尋ねです。今晩は何時まで開いていますか。
- ★ 0時でございます。
- ☆ そうですか。ありがとう。
- ★ どういたしまして。

【14-2】
- ★ いらっしゃいませ。
- ☆ こんばんは。
- ★ 何をお召し上がりになりますか。
- ① ☆ ジントニックをお願いします。
  - ★ 氷はお入れしますか。
  - ☆ はい、お願いします。
- ② ☆ 赤ワインをグラスでお願いします。
  - ★ かしこまりました。

【14-3】
- ☆ すみません。お勘定をお願いします。
- ★ はい、少々お待ちください。(勘定書きを持ってきて) こちらになります。
- ☆ お部屋につけてください。
- ★ かしこまりました。お名前とお部屋番号をくずさずこちらに、そしてご署名をこちらにお願いします。
- ☆ はい。(書き終えて) これで…。
- ★ (内容を確認して) ありがとうございました。おやすみなさい。
- ☆ おやすみなさい。

Barman's Phrases

CD 92

★ Good evening. "Starlight Bar". May I help you?
☆ Good evening. This is just an inquiry. Until what time are you open tonight?
★ Until midnight, madam [sir].
☆ OK. Thanks.
★ You are welcome.

CD 93

★ Good evening, madam [sir]!
☆ Good evening.
★ What would you like?
① ☆ Gin & tonic, please.
   ★ With ice, madam [sir]?
   ☆ Yes, please.
② ☆ A glass of red wine, please.
   ★ Certainly.

CD 94

☆ Excuse me. Could I have the bill, please?
★ Yes, hold on a moment, please…. Here it is.

☆ Could you charge this to my room?
★ No problem. Please print your name and room number here, and your sign here, please.
☆ Yes…. Here you are.
★ Thank you very much. Have a good night!
☆ Good night!

練習問題

1. ☎ 今晩は11時まで営業しております。
2. 何をお召し上がりになりますか。
3. 氷はお入れしますか。
4. シングルとダブルどちらがよろしいですか。
5. ビールはカールスバーグ、ハイネケン、バドワイザーがございます。
6. あいにく、アルマニャックはおいておりません。
7. おやすみなさい。

Barman's Phrases

解 答 例

95

[1] We are open until eleven tonight.
[2] What would you like to drink?
[3] With ice, sir [madam] ?
[4] Would you like single or double?
[5] We have Carlsberg, Heineken and Budweiser.
[6] We don't have Armagnac, I'm afraid.
[7] Have a good night, sir [madam] !

CHAPTER 15

ルームサービス・ミニバースタッフの英会話

ルームサービスのウェイターの仕事は「短時間一本勝負」

・・・・・

　ルームサービス（Room Service）のウェイターは、制服を着てゲストの前に立ちはするが、レストランのウェイター・ウェイトレスのように同じゲストのテーブルを何度も訪問することはない。料理や飲み物はまとめて1度に運ばれるからだ。彼らの仕事は「短時間1本勝負」だということができる。

　したがって、注文の料理を配達【15－2】という場面では、ゲストが喜んでチップをはずんでくれるような好印象のサービスを提供しなければならない。ただし、ゲストと悠長に会話を楽しんでいる時間はない。

　なぜなら、ゲストは待ちに待った料理を前にじれているし、料

Room Service or Mini Bar staff's Phrases

　理だって冷めかけているかも知れない。とにかくゲストが食事にかかれる環境を手際よく作らねばならない。
　ミニバー（Mini Bar）のスタッフは、ルームサービスのスタッフよりさらにゲストとの接触時間が短い（下手をすると、ないことも多い）。彼らにとってゲストと顔を合わすのは、ミニバーの飲料のチェック（補充）に客室を訪問する場面【15－3】くらいだからだ。ミニバーのスタッフのことを「料飲部のハウスキーパー」と呼んでもいいかも知れない。
　ということは、ハウスキーパー同様、業務内容以外の質問・要望を廊下ですれ違ったゲストから浴びる可能性が大ということだ。ゲストからの「ドライヤーが動かないの」とか「トイレットペーパーが切れた」といった問いかけに対応することも大切なサービスであること、お忘れなく…。

・・●・・

ルームサービス・ミニバースタッフの英会話

【15−1】☎

★ こんばんは。ルームサービス、岡田でございます。

☆ こんばんは。「クラブサンドイッチ」と「フレッシュオレンジジュース」をお願いします。
★ おひとつずつですね。
☆ はい、ひとつずつ。
★ では、お名前とお部屋番号をいただけますか。

☆ 名前はカレン・タンです。部屋番号は214です。
★ ありがとうございます。「クラブサンドイッチ」と「フレッシュオレンジジュース」を15分ほどでお部屋までお届けします。
☆ どうも。ではよろしく。
★ 失礼します。

15

Room Service or Mini Bar staff's Phrases

96

★ Good evening. Room Service. Ms. Okada speaking. May I help you?
☆ Good evening. Could I have "Club Sandwich" and "Fresh Orange Juice", please?
★ One for each, madam [sir]?
☆ Yes, one for each.
★ Certainly. Could I have your name and room number, please?
☆ My name is Karen Tan. My room is 214.
★ Thank you, Ms. Tan. We will deliver "Club Sandwich" and "Fresh Orange Juice" to your room in about 15 minutes.
☆ Thank you. Bye.
★ Bye.

【15-2】
(ルームサービス、注文品の配達)
★ (ドアごしに) ルームサービスでございます。
☆ はい、どうぞ。(ドアを開ける)
★ こんばんは。
☆ こんばんは。
★ それでは、テーブルのご用意をいたします。(作業を完了し) それでは、こちらにサインをお願いします。
☆ わかりました。(勘定書きにサインをし、チップとともに渡す) はい、どうぞ。
★ これはご親切に…では、ごゆっくり。

【15-3】
(ミニバーのチェックに客室を訪問する)
★ (ドアごしに) ミニバーでございます。
☆ はい、ちょっと待って。(ドアを開ける)
★ こんにちは。

① ☆ はい、どうぞ。
　★ ありがとうございます。(中に入り作業開始)
② ☆ もうすぐ出掛けるところです［今とりこんでいます］。後で来ていただけますか。
　★ かしこまりました。後ほどまいります。

Room Service or Mini Bar staff's Phrases

🔘 97

★ Room Service!
☆ Yes, come in!
★ Good evening, madam [sir]!
☆ Good evening.
★ Let me set up for you…. Could you sign here, please, madam [sir]?
☆ OK…. Here you are.

★ Oh, it's very kind of you…. Bon appétit!

🔘 98

★ Mini Bar!
☆ Yes, hold on! …
★ Good afternoon, madam [sir]! May I check the Mini Bar?
① ☆ Yes, you may. Please come in.
   ★ Thank you, madam [sir].
② ☆ I'm leaving here soon [I'm very busy here]. Would you come back later?
   ★ No problem, madam [sir]. I'll come back later on.

練習問題

① ☎ お名前とお部屋番号をいただけますか。

② お飲物はいかがですか。
③ 15分ほどでお部屋までお届けします。
④ テーブルのご用意をいたします。
⑤ こちらにサインをお願いいたします。
⑥ ミニバーの在庫確認をさせていただけますか。

Room Service or Mini Bar staff's Phrases

解 答 例

99

① Could I have your name and the room number, please?
② Would you like something to drink?
③ We will deliver it to your room in about fifteen minutes.
④ Let me set up for you.
⑤ Please sign here.
⑥ May I check the Mini Bar?

ロンドン仕込み　ホテルマンの英会話　CD付
2008年　7月14日　　1刷 2012年　7月20日　　2刷

著　者　── 三澤春彦
発行者　── 南雲一範
発行所　── 株式会社 **南雲堂**
　　　　　　〒162-0801　東京都新宿区山吹町361
　　　　　　電話　(03) 3268-2384（営業部）
　　　　　　　　　(03) 3268-2387（編集部）
　　　　　　FAX　(03) 3260-5425（営業部）
　　　　　　振替口座　00160-0-46863
印刷所／SOUTH FLIGHT　　製本所／笠原製本

E-mail　nanundo@post.email.ne.jp　（営業部）
http://www.nanun-do.co.jp
Printed in Japan　　〈検印省略〉
乱丁、落丁本はご面倒ですが小社通販係宛ご送付下さい。
送料小社負担にてお取り替えいたします。
ISBN 978-4-523-26477-4 C0082〈1-477〉

行動する英語シリーズ

アメリカでホームステイする英語

田村智子監修　四六判　240ページ　定価（本体1165円+税）ＣＴ別売
役に立たなきゃやる気も出ない！
ホームステイで聞く英語・しゃべる英語がギッシリ

アメリカ暮らしと英会話

川滝かおり著　四六判　208ページ　定価（本体1165円+税）ＣＤ別売
ノウハウもわかる長期滞在完全マニュアル

英語っぽくしゃべる英語

森まりえ／W.B.グッドマン著　四六判　200ページ　定価（本体1165円+税）ＣＤ別売
基礎単語と基本表現を使い回すコツのコツ
簡単な単語でこれだけ表現できる！

リスニングするネイティブフレーズ

こんな場面でちょっと盗み聞き
ダニエル・ブルーム著　四六判　208ページ　定価（本体1165円+税）ＣＴ別売
180シーンで展開するネイティブ会話

旅行でしゃべる英会話

イッパツで通じればキモチイイ
マイケル・ブラウン著　四六判　200ページ　定価（本体1165円+税）ＣＴ別売
アメリカ人が書いた通じる英語ホントはこんなにカンタンだった!!

仕事英会話フレーズ800

M.フィッツヘンリ著　古山真紀子訳　四六判　208ページ　定価（本体1200円+税）ＣＴ別売
ネイティブが仕事で使う、最も簡単で最も基本の言い回し